中学校数学
授業のネタ
110

玉置 崇
[編著]

2年

明治図書

はじめに

　ありがたいことに，全国各地で数学授業づくりに関する講演をさせていただいています。

　そのときに結構な頻度であるのが，2014年3月に発刊した『わかる！楽しい！中学校数学授業のネタ100』の書籍を持参され，「サインしてください」と言われることです。著者としてこんなにうれしいことはありません。

　「玉置先生，この本は私の数学授業バイブルです。職員室と自宅の机上に各学年1冊ずつ置いてあります」

　「この本の傷み具合を見ると，何度も本を開いていることがわかっていただけますよね。数学授業づくりにこんなに役立つ本は他にありません」

などと言ってくださる方もいて，心の中が喜びでいっぱいになることがあります。

　それと同時に，発刊してから10年以上経ったことから，新たなネタをそろえて新版を出す機会があるといいなと思っていました。そうした中，明治図書出版の矢口郁雄さんから「新版を出しませんか」と声をかけていただきました。上記のように読者からうれしい声をいただけるのも，矢口さんが前作を親しみやすく活用しやすい書籍に仕上げてくださったからです。その矢口さんからの新版発刊の相談には，二つ返事で了解しました。

　今回は110本の数学授業ネタを提案しました。110本のうち95本はまったくの新ネタです（残りの15本は，前作に収録したネタに改良を加えたものです）。つまり，前作をお持ちの方は，数学ネタを200本近く手に入れることになります。どうぞ存分にご活用ください。

　本書では，各単元とも「説明ネタ」「課題ネタ」「教具ネタ」「探究ネタ」で構成しました。前作の「習得ネタ」は「説明ネタ」の中に包括し，新たに

「探究ネタ」のカテゴリーをつくりました。「探究ネタ」を提案したのは，様々な理由があります。その理由の１つは，数学は現実問題を解決するために役立つ学問であり，探究ネタによって生徒に数学が現実世界と密接に関連していることを実感させたいという思いがあったからです。「教具ネタ」は，１人１台の情報端末が活用できる状況であることを前提としています。前作から学習環境がかなり変化していることを改めて実感します。

　また，単なるネタ（問題や説明）の紹介にとどまらず，そのネタを使って授業をする際の教師の心得，生徒の反応例とその生かし方，数学的な見方・考え方とのつながりなども記載しています。１つのネタは前作同様に１ページにまとめ，日常授業で使いやすいようにしました。

　さらに，110本のネタを執筆するにあたって，執筆者（玉置崇・芝田俊彦・山本龍一・松井大樹）で，数学授業勉強会を開きました。この原稿で，若い先生方にネタの価値，そのネタを生かす授業イメージなどが伝わるかどうかをしっかり検討しました。ベテランの先生方には，生徒とともにつくる数学授業の楽しさやおもしろさがより伝わるように，模擬授業などもしながらネタを練り上げました。

　こうして自信をもって世に出せる本になったと自負しています。拙著を活用して，全国各地で生徒とともにつくる知的で楽しく充実した数学授業が実践されることを執筆者一同祈念しています。

　2025年1月

玉置　崇

目 次

はじめに／002

わかる！楽しい！
毎日の授業で本当に役立つネタ

1　ネタをより生かすために／010
2　心理的安全性が高い数学教室を／013

わかる！楽しい！
中学2年の数学授業のネタ110

式の計算

式の計算	説明	1	なぜ文字式を使うの？／016
	説明	2	一次式や二次式をつくろう／017
	課題	3	縦に並べても計算できる？／018
	説明	4	スモールステップで計算しよう／019
	教具	5	テンポよく計算しよう／020
文字式の利用	説明	6	2桁の整数を文字で表そう／021
	課題	7	等式変形の流れを説明しよう／022
	課題	8	カレンダーの規則を説明しよう／023

課題	9	説明の間違いを見つけよう／024
課題	10	どちらがたくさん入るかな？／025
課題	11	どの道を通ると一番近道かな？／026
探究	12	数の並びの規則性を見つけよう／027
探究	13	誕生日を当てよう／028
探究	14	1年生にもわかるようにレポートをまとめよう／029

連立方程式

連立方程式

課題	15	部分練習に取り組もう／030
課題	16	式変形に絞ってトレーニングしよう／031
課題	17	加減法や代入法を使わずに解を求めよう／032
課題	18	解き方を3通り以上見つけよう／033
説明	19	なぜ「分母をはらう」というの？／034
課題	20	係数を整数にしよう／035
課題	21	連立方程式を使うのはどんなとき？／036

連立方程式の利用

課題	22	利用の問題を立式でストップしよう／037
説明	23	式を見ただけで考え方がわかる？／038
説明	24	表を使って式を立てよう／039
課題	25	比の式を変形しよう／040
探究	26	連立方程式を使うのにふさわしい場面は？／041
課題	27	机の高さは何cm？／042
教具	28	電車が「通過する」ってどういうこと？／043
課題	29	2人が出会うとはどういうこと？／044
課題	30	どちらがお得？／045
探究	31	連立方程式で解く問題をつくろう／046
探究	32	3つの文字を含む連立方程式を解こう／047
教具	33	コンピュータに「解けません」と言わせよう／048

一次関数

一次関数とグラフ	説明	34	表から一次関数か判断しよう／049
	説明	35	変化の割合を具体的にイメージしよう／050
	説明	36	変化の割合とグラフの形の関係を考えよう／051
	課題	37	グラフの変化を説明しよう／052
	教具	38	一次関数のグラフはどう変化する？／053
	課題	39	グラフの読みかきの力を身につけよう／054
	教具	40	コンピュータはグラフをどのようにかくのかな？／055
	説明	41	一次関数のグラフかな？／056
	課題	42	２つのグラフが表していることは？／057
一次関数と方程式	探究	43	a，b，cが0のときのグラフの形は？／058
	説明	44	方程式の解を見える化しよう／059
	探究	45	２直線の交点はどこにある？／060
	課題	46	なぜ2直線の交点を連立方程式で求められるの？／061
	説明	47	Ａ＝Ｂ＝Ｃの方程式をグラフに表そう／062
一次関数の利用	教具	48	動点の動きを視覚化しよう／063
	課題	49	電気料金のグラフから会話を想像しよう／064
	探究	50	どんなときにこのグラフになる？／065
	探究	51	利益を最大にしよう／066

図形の調べ方

平行と合同	課題	52	どうして三角定規セットで平行線がかけるの？／067
	課題	53	角の求め方を見つけよう／068
	探究	54	補助線の背景を考えよう／069
	教具	55	作図ツールで図形を動かそう／070
	説明	56	鋭角三角形はどんな図形？／071
	課題	57	多角形の内角の和を求めよう／072
	説明	58	多角形の外角の和を確かめよう／073

	探究	59	なぜ一瞬で角度を求められる?／074
	課題	60	星形の図形の内部の角の和を求めよう／075
	探究	61	どうして常に角度が同じ?／076
	課題	62	三角形が合同になる条件は?／077
	課題	63	合同条件でない条件では合同にならない?／078
	課題	64	△ABC ≡△PQR を示すには?／079
証明	教具	65	定理集をつくろう／080
	説明	66	仮定は青信号,結論は赤信号／081
	教具	67	根拠カードを使って証明しよう／082
	説明	68	三段論法を使って証明しよう／083

図形の性質と証明

三角形	説明	69	次はどんな三角形について考える?／084
	説明	70	性質と条件の違いを区別しよう／085
	課題	71	折ってできる図形の秘密を探ろう①／086
	課題	72	折ってできる図形の秘密を探ろう②／087
	説明	73	逆は正しい?／088
	説明	74	数学の世界での正しいとは?／089
	課題	75	どうしていつも60°になるの?／090
	説明	76	直角三角形の斜辺以外はなんていうの?／091
	課題	77	合同になる理由を選ぼう／092
	課題	78	三角形の垂直二等分線が1点で交わるのはなぜ?／093
	課題	79	三角形の角の二等分線が1点で交わるのはなぜ?／094
	課題	80	ぴったり塗れる図形はどれ?／095
四角形	課題	81	定義・定理をしっかり定着させよう／096
	課題	82	条件を変えて平行四辺形を作図しよう／097
	課題	83	平行四辺形になる条件を満たしている?／098
	教具	84	平行四辺形の頂点を自由に動かそう／099
	探究	85	フライングカーペットがいつも地面と平行なのはなぜ?／100

007

場合の数と確率

場合の数と確率

説明	86	「同様に確からしい」とはどういうこと？／101
説明	87	もれや重なりがないように数えよう／102
課題	88	2つのさいころを投げたときの確率を求めよう／103
課題	89	2枚の硬貨を投げたときの確率を求めよう／104
課題	90	○の倍数になる確率を求めよう／105
課題	91	どちらの方が起こりやすい？／106
説明	92	起こらない確率はどうやって求める？／107
課題	93	確率が$\frac{1}{4}$になる例を探そう／108
課題	94	3人のじゃんけんで「あいこ」になる確率は？／109
教具	95	同じ誕生日の人がいる確率は？／110
探究	96	モンティホール問題に挑戦しよう／111
探究	97	あみだくじは本当に平等？／112

箱ひげ図とデータの活用

箱ひげ図

説明	98	四分位数は何を表している？／113
説明	99	四分位範囲のよさを知ろう／114
説明	100	箱ひげ図のよさを知ろう／115
課題	101	箱ひげ図をかこう／116
教具	102	コンピュータで箱ひげ図をつくろう①／117
教具	103	コンピュータで箱ひげ図をつくろう②／118
課題	104	箱ひげ図から元のデータを推測しよう／119
課題	105	データを集めて箱ひげ図をつくろう／120
課題	106	箱ひげ図から読み取ろう／121
課題	107	通信速度が速いのはどの会社？／122
課題	108	どの選手を選ぶ？①／123
課題	109	どの選手を選ぶ？②／124
探究	110	批判的に考察して分析しよう／125

わかる！楽しい！
毎日の授業で
本当に役立つネタ

1 ネタをより生かすために

(1) まずは教師が数学ネタを楽しむ

一番大切なのは，先生自身がネタを楽しむことです。例えば，「なぜ文字式を使うの？」（p.16）というネタがあります。こうしたネタを授業で扱うことはあまりないと思います。

ネタを楽しむには，まずは生徒の気持ちになることです。この問いが提示されたときの生徒の気持ちを想像してみましょう。

「なぜ文字式を使うの？ と言われても，ここは文字を使うことを勉強するところだよね。どうしてこんなことを聞くのだろう」

「1年生から文字を使うことは当たり前だと言われてきたのに…」
などと生徒の反応を予想すると，ネタのよさがわかってきます。

こういう反応を授業で引き出すためには，どのような発問・指示をするとよいかを考えます。生徒から素直な意見を出させようとすれば，

「私がどうしてこのようなことを問いかけるのか，思うことを自由に発言してください。解答ではありませんよ。心に浮かんだことを遠慮なく発言してください」
といった指示が考えられます。

私自身は，こうした発問や指示，生徒の反応を考えることが楽しくて仕方がありません。生徒が「当たり前が難しい」と言えば，「数学は当たり前のことを説明する学問です」などと返して，生徒の言葉でつくる授業を想像して，ワクワクします。本書では，こうした気持ちになるネタをたくさん紹介しました。

010

(2) ネタの意図をつかむ

「利用の問題を立式でストップしよう」（p.37）という連立方程式のネタがあります。一見すると，立式だけで止めてよいのかと思われるでしょう。それまでの学習内容を考えれば，基本形の連立方程式の解き方は終えてきていますから，複雑な連立方程式を基本形に変形できれば，解を求めることができるはずです。また，求めることができなければいけません。立式後に方程式を解くことに時間がかかり，ともすると1時間に1問題だけで終わってしまう授業を参観することがあります。そのため，このネタを提案しました。この意図を理解していただければ，生徒へ明確な指示ができます。

「連立方程式の利用の授業では，代金や個数の問題，速さ・時間・道のりの問題，割合を含む問題など，様々な問題があります。大切なことは題意をよく読み取って立式することです。先生は，ここまでできれば十分だと思います。立式さえできれば，解を求めることができるからです。もちろん立式が早くにできた人は，解まで求めて，これは題意にあっているかまでの吟味をするとよいでしょう」
などと，生徒を安心させる指示ができます。

一次関数とグラフに「2つのグラフが表していることは？」（p.57）というネタがあります。

ここに示したグラフを見ると，「こうしたグラフは教科書では見たことがない。なぜこういうネタが紹介されているのだろうか」と疑問をもたれる方がいると思います。ぜひその疑問を大切にしてください。ネタの意図を理解することにつながるからです。詳しくは，該当ページを見ていただければいいのですが，横軸の定義が違うと，同じ事象でもグラフが異なることに気づかせたいのです。教科書では，この種の問題は扱われていないと思います。

このネタの意図がわかれば，いろいろな発問が浮かんできます。

「B君とC君は，同じ事象をグラフにしたのに，どうしてこのように違うのでしょうか」

011

「B君のグラフはよく目にするので正しいと思うでしょう。C君のグラフも正しいのです。C君の考え方を想像しましょう」

「B君もC君も，グラフの縦軸は水の量です。横軸の考え方が違うので，このようなグラフになるのです。B君とC君の横軸の考え方を明らかにしましょう」

このように，ネタの意図をつかむとシャープな発問が浮かんできます。

(3) オリジナルのネタづくりに挑戦する

本書で紹介する110本のネタを基に，ぜひオリジナルのネタづくりに挑戦していただきたいと思います。

例えば，「確率が $\frac{1}{4}$ になる例を探そう」（p.108）を基にすると，確率の数値を変えたネタ（$\frac{1}{3}$ や $\frac{1}{5}$ などの数値）が浮かぶでしょう。大切なことは，このような数値にしたときに，生徒はどのような事例を出してくるだろうかと想像することです。優秀な生徒しか考えが出せないと思われるネタは，そのネタがどれほどおもしろいと思っても避けるべきでしょう。

また，その事例になりそうでならない事例を思いつくと，さらなるネタとなります。

「ある人は，くじを2回引くと，2回ともあたり，1回はあたりで1回ははずれ，2回ともはずれの3種類だから，2回ともあたりの確率が1/3となると考えました。実は考え違いをしているのがわかりますか」という，思考力・判断力・表現力を高めるネタも生まれてきます。

ネタづくりは教師の数学力を高めることにもなります。オリジナルなネタが浮かぶと，そのネタを生徒にぶつけたくなるものです。授業をするのが楽しくなるでしょう。

2 心理的安全性が高い数学教室を

(1)「わからない」と言える数学教室づくり

　数学授業に限ったことではありませんが，教室では気軽に「わからない」と言える空気があることが大切です。安心して授業を受けることができる教室であってこそ，数学が楽しめるからです。「間違えたらバカにされるかもしれない」「『わからない』と言ったら，『何を聞いているんだ！』と先生から言われるかもしれない」などという不安な気持ちがあっては，楽しく学ぶことはできません。

　授業開きでは，「『わからない』と言えることの価値」を，ぜひとも生徒に伝えましょう。ある生徒が『わからない』とつぶやいたことから，学びが発展したり，進化したりした例を伝えることも有効です。

　また，「表情発言」を推奨しましょう。挙手発言だけではなく，表情による発言があることを丁寧に説明するとよいでしょう。よくわかったときは明るい表情を，よくわからないときは難しい表情をすればよいと伝えましょう。表情を基に指名したり，発言者につないだりすることを具体的に示して，安心させることです。そのためにも，教師は表情豊かに，

　「そう，そう，そのように『よくわかりました』という表情をしてくださいね。よい表情を見ると，私も安心できます」

と明るく話しましょう。

　少人数の方が「わからない」と気軽に言えることから，ペアや4人で話し合う（聴き合う）場面を多く取り入れることも伝えておきましょう。生徒がそうした意図を理解していると，心理的安全性を高めるのに効果があります。

013

(2) 話し合う（聴き合う）ことが楽しい集団に

　ある数学授業を参観したときのことです。

　４人で話し合う（聴き合う）場面がありました。教室には８グループほどありましたが，すべてのグループが課題解決のために自分の考えを出し合い，聴き合い，学び合っていました。「それはどうして？」「そこはわかったけど，なぜこの式が出てくるのかがわからない」などと，解決に向けての話し合い（聴き合い）を楽しんでいました。「なぜこんなにも話し合ったり，聴き合ったりすることが楽しそうなのだろうか」と不思議に思えるほどでした。

　そこで，授業者の先生に尋ねてみたところ，どの学級も楽しく話し合う集団にするためのヒントがもらえました。その先生は，最初に次のように言われました。

　「授業中に楽しんで話し合える集団は，普段から話し合うことを楽しんでいるはずです」

　確かにその通りです。「授業だから」「指示されたから」では，急に話し合う集団になることはありません。日ごろから互いに思うことを伝え合える集団であるはずです。

　「私の学級では，朝の会に４人で２分間話し続けるワークショップを行っています。テーマは日直が提案することにしています。『自分が好きな食べ物を伝え合う』というテーマが出されたことがあります。そのテーマで２分間話し続けるのです。こうしたテーマなら，だれもが話すことができます。同じ食べ物でも好きな理由が違っていたり，家庭での味つけが異なっていたりしますので，話は尽きません。私もグループに加わって，生徒と楽しく話しています」

　朝の会の様子が目に浮かぶことでしょう。日ごろから「話し合うことが楽しい」と感じる経験をしているからこそ，授業中においても気軽に話し合え，心理的安全性も高く，気軽に「わからない」と言える空気が醸成されているのだと確信できました。

014

わかる！楽しい！

中学2年の
数学授業のネタ
110

式の計算

連立方程式

一次関数

図形の調べ方

図形の性質と証明

場合の数と確率

箱ひげ図とデータの活用

式の計算／式の計算

1
なぜ文字式を使うの？

説明ネタ

> 教師にとって，数学で文字式を使うことは当たり前ですが，生徒にとっては当たり前ではありません。文字式を使う理由を一度で納得させるのは難しいことです。時折こんな話題にふれるとよいでしょう。

以下のように話します。

「数学では文字式を使って説明することが多いことに気づいているでしょう。中には『だから数学は嫌いです』という人もいます。

ところで，なぜ数学では文字式を使うのでしょうか？ 『偶数と偶数の和は偶数になることを説明しなさい』という問題で考えてみましょう。

『4＋6＝10です。4，6，10は偶数だから，偶数4と偶数6の和は偶数10になります』

この説明は間違っているでしょうか？ この説明自体は正しいことを述べています。だからこそ，文字式の必要性を感じられない人がいるのです。

では，次のように問題を補足したらどうでしょうか？

『どのような偶数でも，偶数と偶数の和は偶数になることを説明しなさい』

『どのような偶数でも』という言葉が入っている以上，『4と6をたしたら…』といった具体的な数での説明だけでは不十分です。この問題に答えるためには，文字を使ってあらゆる場合について当てはまることを示すしかないのです。

これまで何気なくやってきた計算，例えば，

$3x - 7y + 4x = 7x - 7y$

は，問題には何も書いてありませんが，xやyは特定の数値ではありません。つまり，xやyがどのような数値でも，$3x - 7y + 4x = 7x - 7y$となることを表しています」

式の計算／式の計算

2
一次式や二次式を
つくろう

説明ネタ

> 文字式は次数によって分類されることがあります。次数や一次式，二次式という用語を学習しても，具体的な例をイメージしないと理解があいまいなまま進んでしまいます。理解をより深めるための説明ネタです。

> 多項式では，各項の次数のうち，最も大きいものを，その多項式の次数といいます。

多項式の次数は一般的に上のように説明されますが，その後に，
「x^2+3x-6 の次数は2なので，二次式です」
「$2x+5$ の次数は1なので，一次式です」
と説明しても，文字への抵抗が大きい生徒にとっては，どうやって次数が決まるかがイメージできず，苦手意識が強まるばかりです。
「x^2+3x-6 を項に分けるとどうなりますか？」
「それぞれの項の次数はいくつですか？」
と順を追って確認することで，多項式の次数がわかるようになります。「2乗があったら二次式になる」という理解をしている生徒もいるため，「$xy-3$」のように，異なる文字がかけ合わさっているパターンも確認しておくとよいでしょう。次数に関する正しい理解が今後の学習にも生きていきます。
　正しく次数を答えられるようになったら，自分で一次式や二次式をつくる活動も行いましょう。まずは，一次式をノートに3つ以上書くように指示を出し，机間指導で確認します。ペアで確認し合ってもよいでしょう。次に，二次式を同じように3つ以上書かせます。生徒は，一次式と二次式の違いを区別しながら理解を深めることができます。

3
縦に並べても計算できる？

> 多項式の加法・減法では，式を縦に並べて計算することができます。後に学習する連立方程式の加減法で，この計算が生きてきます。先の学習を見すえた課題ネタです。

「$(2x-7y)+(3x+2y)$」「$(4x-2y)-(x-3y)$」のような多項式の加減は，次のように縦に並べても計算することができます。

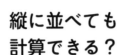

生徒は「小学校でやった筆算みたいだ」と反応するでしょう。すでに多項式の加法・減法ができる生徒にとって，式を縦に並べたときでも加法は簡単に取り組め，誤答も少ないでしょう。しかし，減法では間違いが少なくありません。教師がすぐに気をつける点を説明するのではなく，

「縦に並べた減法で気をつけることは何だろう？」

と生徒に問いかけるとよいでしょう。生徒から「符号が変わる」「$-(-3y)=+3y$として計算する」といった考えを引き出せます。それを全体で共有し，まとめていきましょう。

多項式を縦に並べた計算は，次に学習する連立方程式の加減法で使います。符号のミスが多く見られる学習なので，今後を見すえて繰り返し取り組んでおくとよいでしょう。

式の計算／式の計算

4
スモールステップで計算しよう

説明ネタ

> 3つ以上の項が出てくる乗除の混じった式は，計算の順序に戸惑ったり，符号のミスをしやすかったりと，苦手に感じる生徒がいます。ミスを減らすために手順を1つずつ確認するネタです。

乗除の混じった計算では，符号のミスが多く見られます。また，除法があると正答率が一気に下がってしまいます。ミスが起きやすいところを事前に確認し，次の手順に従ってスモールステップで計算します。

---

①負の項の数で，答えの正負を決定する。
　→最初に符号だけを決定することで，ミスを減らす。
②分数の形で表す。
　→①で符号は決定しているので，－は書く必要はない。
③絶対値の計算をする。
④文字（式）の部分の計算をする。

この手順にそって1つずつ確認をしながら問題を解いていきます。
$-12x^2 \times (-y) \div (-3xy)$ の場合は次のようになります。

---

①負の項が3つあるため，計算結果の符号は－になる。
②分数の形にすると，$3xy$ が分母にくる。
③12と3を約分すると，4になる。
④ $x^2 \times y$ と xy を約分して x が残る。→答えは－$4x$ になる。

順序を確認したうえで練習問題に取り組むことで，ミスが格段に減ります。

5
テンポよく計算しよう

> 授業の中で単純な式の計算問題をテンポよく解かせると，習熟を図ることができます。5分ほどの時間でも，その積み重ねが力になります。スクリーンや大型ディスプレイに映し出し，声に出して計算させます。

　英語の先生がよく使っている「フラッシュカード」と呼ばれる教材をPowerPointやGoogleスライドで作成し，計算問題で使います。数字を変更して繰り返し使うことができ，教師間での共有も簡単にできます。

　テンポよく，声に出して行うことが大切です。以下のような練習方法があります。生徒の実態に応じて使い分けましょう。

---

①全体で一斉に　　→苦手な生徒もまわりが声を出してくれるので，安心して計算に取り組むことができます。

②列で指名　　　　→列で前から順に答えていきます。全体で行うよりも緊張感をもって計算に取り組むことができます。

③1人で5問連続　→合格のレベルを示してから1人ずつ行います。合格できると生徒の自信につながります。

$$(-4x)^2 \qquad 9x^2y \div 3x$$

フラッシュカードの例

式の計算／文字式の利用

6
2桁の整数を文字で表そう

2桁の正の整数を文字で表し，文字式を利用して説明する問題があります。しかし，生徒にとって文字で表すことは容易ではありません。具体的な数字を基に考えさせる説明ネタです。

「さんじゅうご」が「35」という数字で表せるのは十進位取り記数法という方法によるもので，生徒たちは小学校1年生のころからこの方法で数字にふれてきています。数字を当たり前のように使って生活していますが，表し方について深く考える機会は少ないです。そこで，

「『さんじゅうご』という2桁の数について考えます。
35は10のまとまりがいくつと端数がいくつでできていますか？」

と問います。生徒はすぐに「10のまとまりが3つと端数が5」と答えるでしょう。それを式に表すと「35＝10×3＋5」となることを確認します。

いくつかの2桁の整数の例をあげ，それを式に表し，板書していきます。最後に，十の位の数を a，一の位の数を b として一般化すると，「10×(十の位の数)＋(一の位の数)」と表せることを確認しましょう。

$17 = 10 \times 1 + 7$ 　　これより，$10 \times a + b$
$43 = 10 \times 4 + 3$ 　　すなわち，$10a + b$
$70 = 10 \times 7 + 0$

この手順で説明すれば，当たり前に使っていた数の表し方について改めて考えることができ，「$10a + b$」という文字式の意味について正しく理解することができます。

式の計算／文字式の利用

7
等式変形の流れを説明しよう

課題ネタ
難易度★

> 等式変形を使う問題には，文字が多くあり，文字式が苦手な生徒は，見た目だけで難しいと感じてしまいます。どのように式を変形しているのかをお互いに説明し合い，理解を深めましょう。

ある文字について解くには，等式変形が必要になることを学習した後に，次のような問題と答えを生徒に提示します。

次の等式を〔 〕内の文字について解きましょう。
① $x + y = 5$ 〔x〕　　② $\ell = 2\pi r$ 〔r〕
　$x = 5 - y$ 　　　　　　$2\pi r = \ell$

　　　　　　　　　　　　　$r = \dfrac{\ell}{2\pi}$

---

①の問題であれば「y を右辺に移行した」という説明を生徒にさせます。
「どうして y を移項する必要があるの？」
と問いかけ，式変形の意図を尋ねます。なぜその式変形をしたのかを明確にすることで，正しい手順を身につけます。意図を板書することも大切です。

②の問題のように，文字が3つ以上出てきたり，分数の形になったりする問題は生徒が苦手意識をもちやすいです。「左辺と右辺を入れ替えた」「両辺を 2π でわった」という説明とともに，なぜそうするのかを問いかけ，等式変形の流れを説明させます。同時に板書しておくとよいでしょう。

正しい流れを理解したうえで練習問題に取り組むと，難しいと感じる問題にも粘り強く取り組める生徒を育てることができます。

式の計算／文字式の利用

8
カレンダーの規則を説明しよう

課題ネタ
難易度★★

> カレンダーの日にちの並びには，様々な規則性があります。具体例を1つあげ，それがいつでも成り立つことを，どう説明すればよいのかを考える課題ネタです。

太郎君はカレンダーを見て，次のように言いました。
太郎「縦に並んだ3つの数の和を計算すると，真ん中の数の3倍になっているよ」
カレンダーのどこを見てもそれが成り立つことを説明しましょう。

日	月	火	水	木	金	土
	1	2	3	4	5	6
7	8	9	10	11	12	13
14	15	16	17	18	19	20
21	22	23	24	25	26	27
28	29	30	31			

　カレンダーを見て，生徒が規則性を自分で見つけるのは難しいため，「こんなことを発見した人がいるよ」と具体的な規則性を1つ紹介します。まずは，カレンダーの数字を見て，本当にその規則が成り立っているかを確認しましょう。「どこを見ても成り立つことが言えそうだ」と生徒が実感してから説明に移ることが大切です。

　文字で表すときは，どうしてそう表せるのかを確認することが必要です。縦に並んだ3つの数のうち，真ん中の数をnとします。このとき，上の数は$n-7$，下の数は$n+7$と表せます。生徒には次のように聞きます。

「どこから7という数が出てきたのですか？」

　生徒が自分の言葉で表現することが大切です。全体で確認してから，説明の流れを確認し，カレンダーの他の規則性を説明すると理解が深まります。

式の計算／文字式の利用

9
説明の間違いを見つけよう

課題ネタ
難易度★★

> 数学では，どこが間違っているかを考えることで，正しい知識が身についていきます。どこが間違いなのかを指摘し，それをどう直すとよいかを考えることで理解を深めることができます。

> 太郎君は3と5の和が8，5と9の和が14となることから，奇数と奇数の和は偶数になると考えました。これがいつでも成り立つことを説明しましょう。

まず，他の奇数と奇数の組み合わせでも和が偶数になることを確認します。2桁や3桁の奇数を取り上げると，生徒は太郎君の考えがいつでも成り立つことをより実感できます。次に，太郎君の考えを説明するときによくある誤答を紹介し，生徒にどこが間違っているのかを尋ねます。

> n を整数とすると，奇数は $2n+1$ と表せるから，
> $(2n+1)+(2n+1)=4n+2$
> $\qquad\qquad\qquad =2(2n+1)$
> $2n+1$ は整数だから，$2(2n+1)$ は偶数である。よって，奇数と奇数の和は偶数になる。

生徒から「この説明だと同じ奇数の和が偶数になることしか示せない」という意見が出たら，大いに価値づけましょう。
「どうすればいつでも言える？」
と切り返しをし，誤答を修正していきます。

式の計算／文字式の利用

10
どちらがたくさん入るかな？

言葉の情報だけで判断すると間違いが生じやすい問題を提示します。図をかかせて答えを予想させ，さらに文字式を利用することでしっかり説明できることを実感させられるネタです。

A君とB君は，大好きなジュースを飲もうとしています。2人とも円柱形のコップを用意しました。B君のコップは，A君のコップと比べて底面の半径が2倍で高さが半分でした。2人とも，自分のコップの方がたくさん入ると言っています。どちらが正しいでしょうか。

「底面の半径が2倍で高さが半分なら，ジュースの入る量は2つとも同じ」と判断する生徒は少なくありません。しかし，図をかかせると，「B君のコップの方がたくさん入りそう」とつぶやく生徒が出てきます。そこで，

「それは正しいのかな？」

と問い，文字式を利用して説明させましょう。

A君のコップの底面の半径をr，高さをhとすると，
A君のコップの体積$=\pi r^2 h$
B君のコップの底面の半径は$2r$，高さは$\frac{1}{2}h$になるので
B君のコップの体積$=\pi \times (2r)^2 \times \frac{1}{2}h$
$=2\pi r^2 h$

B君のコップにはA君のコップの2倍の量のジュースが入るとわかります。

式の計算／文字式の利用

11
どの道を通ると一番近道かな？

課題ネタ
難易度★★

　文字式の利用に苦手意識をもつ生徒が多くいます。そのような生徒に，図を見ただけでは解決できないことが，文字式を利用することで解決できるというよさを実感させられる課題ネタです。

　A地点からB地点まで行く道について，2匹のありがけんかをしています。どの道が一番近道になるかを説明してあげましょう。
　道（図）は正三角形で構成されており，実線の部分の道しか通れません。

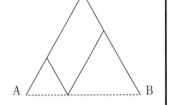

　三角形の1辺の長さに注目することで，どちらの道のりも等しいことに多くの生徒が気づきます。全員が納得したところで，次の問題を提示します。

　C地点からD地点まで行く道について，2匹のありが再びけんかをしています。どの道が一番近道になるかを説明してあげましょう。
　道はすべて半円であり，実線の部分の道しか通れません。

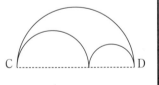

　1つ目の問題とは違い，弧の長さを求める必要があります。生徒が困っている様子が見られたら，半円の半径に注目させ，どのように文字で表すのかを考えさせます。文字式を使うと，半径が変化しても2つの道のりが等しいことを説明できることに気づき，生徒は文字式のよさを実感できます。

式の計算／文字式の利用

12
数の並びの規則性を見つけよう

探究ネタ

> 数の並びの規則性を見つけ，それを文字式で説明する探究ネタです。数の並びには様々な規則性があるので共通の問題を設定して解決していき，最後に個人追究の時間を設定すると理解が深まります。

図のような6つの○の中に，次の手順で数字を書いたとき，どんな規則性がありますか。
①下段に連続する3つの整数を左から順に書く。
②中段に下段の隣り合う2つの整数の和をそれぞれ書く。
③上段に中段の2つの整数の和を書く。

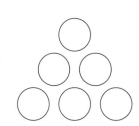

上の問題について，数名の生徒にどんな数字を入れたか確認します。下のようにいくつかの例を板書すると，苦手な生徒も要領をつかめるはずです。

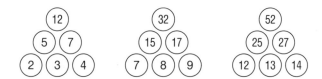

数の規則性を見つけ，ノートに書き出すよう指示します。「中段の数の差は必ず2になる」「中段は必ず奇数になる」「上段は必ず4の倍数になる」など，見つけた規則性を共有します。その中で，説明する規則性を決め，文字式での説明に取り組みます。説明の流れを確認した後に，他の規則性も説明できるか挑戦してみると，自己選択学習にもなります。

027

式の計算／文字式の利用

13
誕生日を当てよう

探究ネタ

> 数字を使った手品の1つに「誕生日当て」があります。この手品のしくみを本単元で学習した文字式を使って説明する探究ネタです。学習したことを活用する経験ができます。

誕生日当てにはいくつかのパターンがあります。授業では，下のパターンを生徒に示して計算させます。

---
①生まれた月を50倍する。
②その数に3をたして，8倍する。
③その数から，生まれた月の100倍をひく。
④その数に，生まれた日をたす。
⑤その数から，24をひく。

まずは，全員が自分の誕生日で計算してみます。計算結果から誕生日を当てる方法を考えさせるとよいでしょう。計算結果の千の位と百の位は生まれた月の3倍になり，十の位と一の位は生まれた日と同じになることを確かめます。

次に，なぜ誕生日が当てられるのかを文字を使って説明していきます。取りかかりとして，生まれた月を「x」，生まれた日を「y」とすることを全体で確認してから始めてもよいです。①〜⑤の手順を式にして計算すると，結果は「$300x+y$」となります。そこで，次のように問います。

「なぜこの計算式で誕生日を当てられるのでしょう？」

ペアやグループで話し合い，説明することに挑戦すると，生徒の達成感も大きいものになります。

式の計算／文字式の利用

14
1年生にもわかるように レポートをまとめよう

探究ネタ

> 単元のまとめやパフォーマンス課題の1つとして，レポートに取り組みます。「中学校1年生がわかるように」という言葉をつけ加えるだけで，相手意識をもってレポートの作成に取り組むことができます。

単元の途中や最後の学習のまとめとして，レポート課題を生徒に出すとします。「これまでの学習をまとめましょう」と教師に言われても，「まとめるって何だろう？」「何を書けばよいのかわからない」と内心思っている生徒も少なくありません。そこで，次のように生徒に投げかけてみましょう。

「皆さんは1年生のときにも文字式について学習しました。
今回，この単元で学習したこととの違いは何ですか？
また，同じだなと思ったことはありますか？
今の1年生にわかるように説明するレポートを書きましょう」

ただ単に「学習のまとめ」として生徒にレポートに取り組ませるより，レポート作成への意欲は上がります。それは，2つの工夫があるからです。

1つ目の工夫は，書く視点を与えていることです。何についてまとめるのかを生徒に示すことで，「何を書いたらよいかわからない」という生徒を減らします。＋αの視点でかけている生徒のことは，大いに価値づけることもできます。

2つ目の工夫は，何のためのレポートかを伝えていることです。書いて終わりというレポート課題はありがちです。しかし，それでは，生徒の書く意欲も下がってしまいます。「1つ下の学年に説明しよう」という目的があることで，わかりやすく具体的に書こうとする生徒が増えます。

どの単元でも使える探究ネタなので，生徒の実態に合わせて実施できます。

連立方程式／連立方程式

15
部分練習に取り組もう

課題ネタ
難易度★

> 連立方程式の指導における悩みに「一つひとつの問題を解くのに時間がかかり，多くの練習を積むことができない」ということがあります。そこで，部分練習を取り入れて効率よく習得させるネタを紹介します。

　ある連立方程式の授業の様子です。かなり時間が経っているのですが，黒板には２つの問題しか書かれていません。教室全体が集中力を欠いている状況で，教師はある生徒の傍で一生懸命に個別指導をしています。

　まず，授業の進行の仕方にも問題がありますが，何よりわずか２つの問題練習では生徒に力がつきません。では，こういった場合はどうすればよいのでしょうか。

　例えば，まず黒板に教科書に掲載されている連立方程式を10題書きます。そして，連立方程式を解くポイント「２つの文字を１つの文字にすること」を確認した後，次のように言います。

「10分間でこの10題に取り組んでもらいます。ただし，２つの文字のうち，１つの文字が消えて，式が１つの文字になった時点で次の問題に取り組んでよいこととします」

　加減法であれ，代入法であれ，いずれの方法をとろうと，文字が１つになった段階で１年で学習した一元一次方程式になるわけで，その後は（理論的には）必ず解けるはずです。

　このように，いつも全練習（最後まで連立方程式を解く）するのではなく，部分練習を重ねることでポイントをしっかりつかませるような工夫も取り入れたいものです。練習量が少ない段階で，加減法で解くか，代入法で解くかといったことを問うても，あまり意味がありません。

連立方程式／連立方程式

16
式変形に絞って
トレーニングしよう

課題ネタ
難易度★★

> 前項で述べたように，連立方程式を解くのに時間がかかり，練習量が確保できないのは教師の悩みどころです。この方法で取り組めば，最初の式変形がしっかりできるようになり，素早く解けるようになります。

　連立方程式に限ったことではありませんが，ある程度の練習量をこなさなければ，素早く，正確に計算問題を解くことはできるようになりません。ただし，練習量を増やすと時間がかかることになります。ここに悩まれる先生も多いと思います。

　そこで，次のような展開はいかがでしょうか。連立方程式を解く指導がひと通り終わった段階で，教科書の単元末の練習問題を有効活用します。

　10問ほど問題を板書し，黒板に次の2点を示します。

①与式を変形する必要があるか，ないか。

②ある場合は，どちらの式をどうするか。

　そして，生徒を1人指名して，

「この問題で①はどうですか？」

と尋ね，生徒が「ある」と答えたら，

「②について答えなさい」

と指示します。

　この流れで，生徒を次から次に指名していき，考えさせます。つまり，連立方程式を解くための式変形だけにポイントを絞って，何度も生徒に練習させるのです。指名をスピーディーに行い，緊張感を保ちながら続けていくことが大切です。

　場合によっては，不安そうな生徒を連続指名して，自信をつけさせるのもよいでしょう。

連立方程式／連立方程式

17
加減法や代入法を使わずに解を求めよう

課題ネタ
難易度★★★

　加減法や代入法を使って連立方程式を解くことが大変だと感じる生徒がいます。加減法や代入法を使わずに解を求めさせることで、それらの解き方のよさを実感させる課題ネタです。

連立方程式 $\begin{cases} x-y=1 & \cdots① \\ x+y=11 & \cdots② \end{cases}$

　上の連立方程式を提示し、次のように問います。
「加減法や代入法を使わないで解を求めるにはどのようにすればよいでしょうか？」
　生徒は、「①の式から、x の方が y より1だけ大きいとわかる」「例えば、x と y の解の組み合わせが（1，0）だと①はあてはまるけど、②はあてはまらない」「（2，1）だと…」のように、連立方程式の解を求めていきます。求め方を実際に言葉で説明しようとすると、思いのほか大変であると生徒は感じるでしょう。その後改めて加減法や代入法で解かせることで、それらの解き方のすばらしさを実感させることができます。
　（6，5）が解だと一瞬にして気づく生徒には、次の問題が有効でしょう。

連立方程式 $\begin{cases} x-y=1 & \cdots① \\ x+y=110 & \cdots② \end{cases}$

　この連立方程式の解は整数ではないため、より加減法や代入法で解くことのよさを実感できます。

連立方程式／連立方程式

18
解き方を
3通り以上見つけよう

課題ネタ
難易度★★★

　加減法や代入法を学習した後に取り組む課題ネタです。1つの問題を見て，どんな解き方ができるかをなるべく多く考えます。何通りかの解き方をすることで，連立方程式を早く解くことができるようになります。

次の連立方程式は，どのように解くことができますか。
3通り以上の解き方を考えてみましょう。
連立方程式 $\begin{cases} y = 2x - 5 & \cdots ① \\ 4x - 3y = 7 & \cdots ② \end{cases}$

　代入法を学習した後なので，生徒はすぐに代入法での解き方を思い浮かべるでしょう。1つの方法で解くことができればテストでは正解になりますが，ここではさらに2通りの方法を生徒に考えさせます。
　「①の式の$2x$を左辺に移項して，両辺を2倍するとxが消去できそう」
　「①の式の両辺を3倍したら，yが消去できないかな」など，生徒の発言を取り上げながら，加減法での解き方も確認していきます。1つの問題でも，3通りの解き方をすると，計算練習が多くできます。それだけでなく，自分にとって解きやすい解き方を見つけるきっかけにもなります。
　練習問題を解く際には，ペアやグループでどのように解いたかを話し合うことも効果的です。「自分は加減法で解いたけど，この問題は代入法の方が速そうだな」「yを消去した方が，計算が簡単になりそうだな」といった気づきを得ることができるからです。計算が得意な生徒が問題のどこを見て，なぜその解き方を選んだのか共有できると，全体の計算力も上がっていきます。計算するだけでなく，解き方を共有することが生徒の力を高めます。

連立方程式／連立方程式

19

なぜ「分母をはらう」 というの？

> 連立方程式に限ったことではありませんが，分母をはらって係数等を整数にすることがよくあります。この「分母をはらう」という操作を，言葉の意味に基づいて説明します。

例えば，次のような連立方程式があります。

$$\begin{cases} 3x - 2y = 3 & \cdots ① \\ \dfrac{1}{2}x + \dfrac{3}{4}y = 7 & \cdots ② \end{cases}$$

②の式は，分母をはらって $2x + 3y = 28$ とした方が素早く解くことができます。

ここで話題にしたいのが，「分母をはらう」ことの意味です。すべての生徒が「分母をはらう」という言葉の意味をわかっているとは限りません。これまでも何度も行ってきた操作だと思いますが，上記のような式が登場した折などに，改めて説明します。

「はらう」は，『広辞苑』では「邪魔・不用なものを取り除く」と説明されています。したがって「分母をはらう」は，「分母が邪魔なので取り除く」という意味になります。

そのうえで，「分母をはらう」とはどのような操作なのかを以下のように押さえます。

●分数を含む式（等式・不等式）において，両辺に分母の最小公倍数をかけて，分数を含まない式に直すこと。

連立方程式／連立方程式

20
係数を整数にしよう

課題ネタ
難易度★

> 連立方程式の問題で一番正答率が低いのは，式の中に小数や分数が入っている問題です。小数や分数のない連立方程式にする方法を考えさせることが大切です。最初の一手を考えさせる課題ネタです。

加減法や代入法での計算がひと通りできるようになったら，係数が整数でない場合の問題を解いていきます。次の連立方程式を生徒に示します。

次の連立方程式を解きましょう。

① $\begin{cases} 0.2x + 0.3y = 0.7 \\ 4x + y = 9 \end{cases}$

② $\begin{cases} 0.5x + y = 2.5 \\ \dfrac{2}{3}x - \dfrac{3}{4}y = \dfrac{5}{4} \end{cases}$

係数が小数や分数になると難しく感じる生徒が増えます。

そこで，次のように問います。

「どんな工夫をしたらこれまで通り計算できるだろう？」

すると，生徒から「10倍したら小数はなくせる」「分数は分母の最小公倍数を両辺にかければいい」といった考えが引き出せます。それを全体で共有し，係数が整数の連立方程式にできたところで一度止めます。最後まで計算してもよいですが，それは早く解けた生徒が行うことにし，この時間はどんな工夫をするかに特化した練習を行います。

教師は係数が整数になった連立方程式を机間指導で確認していきます。分数の処理に困る生徒もいるので，生徒のつまずきに応じて声をかけるようにしましょう。

連立方程式／連立方程式

21
連立方程式を使うのは どんなとき？

> Ａ＝Ｂ＝Ｃの方程式を扱うとき，単元での学びを生かし連立方程式で解こうと考える生徒が多いです。しかし，大切なのは「求めたい文字が２つある」ということです。本質を大切にした課題ネタです。

次の連立方程式を生徒に示します。

$5x + y = 4x - y = 9$ を解きましょう。

生徒にとってはじめて見る形の問題ですが，生徒の多くは「連立方程式で解けるのかな」と考えます。それは，連立方程式の単元で扱っているからです。大切なのは，この形の問題が出題されたらどんなときでも「連立方程式で解こう」と判断できることです。そこで，生徒に次のように投げかけます。
「この単元で，どんなときに連立方程式を使うと学びましたか？」
「求めたいものが２つあるとき」「文字を２つ使った方程式をつくるとき」といった発言が期待できます。
「何となく」ではなく，必ず本質に立ち返り「根拠をもって課題解決できる力」を伸ばしましょう。
Ａ＝Ｂ＝Ｃの方程式も，xとyの２つの文字があるから連立方程式で解くということを確認したうえで計算をしていきます。
「３つの式をどのように分けることができるかな？」
「他に分け方はないかな？」
などと確認し，解を求めていきます。
どの形にすると早く解けそうか話し合うのも，計算力を高めるうえで有効な視点です。

連立方程式／連立方程式の利用

22
利用の問題を立式でストップしよう

課題ネタ
難易度★

> 連立方程式の利用の授業では，解の吟味まで行うと1時間で2問程度しか扱えません。そこで，利用の問題はまず立式をすることにとどめ，多くの練習ができるようにします。

連立方程式の指導には，徹底させておくべき2つのポイントがあります。

①式変形のない連立方程式を，加減法で解ける。
$$\begin{cases} 4x - 3y = 4 \\ 5x - 4y = 3 \end{cases}$$

②複雑な式の連立方程式を，①の形にまで変形することができる。
$$\begin{cases} 4x - 3(x+y) = -3 \\ 2x - 5y + \dfrac{1}{3} = 3 \end{cases} \rightarrow \begin{cases} x - 3y = -3 \\ 6x - 15y = 8 \end{cases}$$

①の段階は十分に時間をかけて練習を重ねます。

②では，利用の問題でよく出てくる割合を求めるときに使う分数の式を基本の形まで変形できるようにしておくことが大切です。

ここまでできるようになっていれば，連立方程式の利用の問題を練習する授業では，立式まででストップしても十分です。

このように，連立方程式の利用の授業では，代金や個数の問題，速さ・時間・道のりの問題，割合をふくむ問題などなど，多くのパターンの練習問題に触れさせ，全員が立式できるようになることを目標にして進めていくとよいでしょう。

もちろん，早く立式できた生徒には，解を求めるところまで進ませます。

連立方程式／連立方程式の利用

23
式を見ただけで
考え方がわかる？

説明ネタ

> あることのよさを感じさせるには，別のものと比較させることが有効です。連立方程式のよさを感じさせるのも同様です。あえて連立方程式を使わない方法を提示し，比較させる説明ネタです。

太郎君は，1個100円のプリンと1個130円のアイスクリームを合わせて10個買って，1120円を支払いました。太郎君はプリンとアイスクリームをそれぞれいくつ買ったでしょう。

連立方程式を学習している最中であれば，多くの生徒は連立方程式を活用するでしょう。そこで，生徒が考えている間に次の式を板書します。

100(円)×10(個)＝1000(円)
1120(円)－1000(円)＝120(円)
120(円)÷(130(円)－100(円))＝4(個)
アイスクリームは4個。プリンは，10個－4個＝6個
したがって，プリンは6個，アイスクリームは4個。

そして，題意に合っていることを確認した後，
「この式を見ただけでこの考え方はわかりますか？」
と問います。しばらく見せた後，わかった生徒に挙手させてもよいでしょう（あまり手はあがらないはずです）。または，
「(1行目の『100(円)×10(個)＝1000(円)』を指し)プリンは10個も買っていないのに，なぜこのような式を考えたのでしょう？」
と聞いてもよいでしょう。こうした問いを通して，連立方程式には式を見ただけでその考え方が読み取れるよさがあることに気づかせます。

連立方程式／連立方程式の利用

24
表を使って式を立てよう

説明ネタ

連立方程式の文章題で，正答率の下がる問題に「割合」を使った問題があります。○割や△%といった記述があると，苦手意識をもつ生徒は少なくありません。問題を表に整理して考える説明ネタです。

> ある店では，先月は，お茶とコーヒーが合わせて400本売れました。今月は，先月と比べて，お茶は90%，コーヒーは80%しか売れなかったので，売れた本数は合わせて348本でした。先月売れたお茶とコーヒーの本数を，それぞれ求めなさい。

上のような割合を使った問題は，わかっていることを表にまとめていくことで，立式がしやすくなります。

	お茶	コーヒー	合計
先月売れた本数 (本)	x	y	400
今月売れた本数 (本)	$x \times \dfrac{90}{100}$	$y \times \dfrac{80}{100}$	348

問題文を読みながら，表に入れることのできるものを聞いていきます。合計の本数や先月売れた本数はすぐに表に入れることができるでしょう。

この表のよいところは，表の数値の間に計算記号を入れるだけで立式ができるところです。%を分数や小数で表すとどうなるかを復習すれば，割合が苦手な生徒も立式がスムーズにできるようになります。

連立方程式／連立方程式の利用

25
比の式を変形しよう

課題ネタ
難易度★★

> 問題文に比が出てくると，どんな式を立てたらよいのか悩む生徒がいます。連立方程式と比を組み合わせた問題を出すことで，立式から生徒の疑問を引き出し，学びを深めることができる課題ネタです。

次の問題を生徒に提示します。

> 2つの品物AとBがあります。AとBの値段の比は，5：3で，Aを3個とBを2個買うと1470円です。A，Bの値段はそれぞれいくらですか。

一見簡単に思える問題ですが，立式したところで疑問に思う生徒が出てきます。そうした生徒の反応を見逃さず，何に困っているかを尋ねましょう。

> $x : y = 5 : 3$ …①
> $3x + 2y = 1470$ …②

生徒からは「比の式ができたけど，これで連立方程式と呼べるのか」「比の式をどうやって計算して解けばよいのか」といった疑問が引き出せるとよいです。1年生で学習した比の性質を復習する機会にもなります。

①の式を変形すると，$3x = 5y$ となり，代入法で x を消去して解を求めることができます。生徒ははじめて見る問題に戸惑うかもしれませんが，これまで学習してきたことを組み合わせれば問題を解くことができ，それが自信につながります。数値を変えた問題で練習を行い，自分の力で解けたという経験をして，授業が終えられるとよいでしょう。

連立方程式／連立方程式の利用

26
連立方程式を使うのに ふさわしい場面は？

探究ネタ

「頭が〇つ，足が△本あります。鶴と亀はそれぞれ何匹いるでしょう？」というお馴染みの鶴亀算に皮肉をこめて一石を投じることで，連立方程式を有効に使うことのできる実際の場面を考えさせるネタです。

鶴亀算の問題を解いた後，次のように話します。

「連立方程式を利用したら，鶴と亀が何匹いるかが求められたね。これからも鶴と亀の頭と足の数がわかっているときには，連立方程式を使って，何匹いるのか求められるね」

さらにダメ押しで「例えばこういう状況だよね」と言いながら右のイラストを見せると「見ればわかるでしょ」「頭が見えるなら数えた方が速い」などのつぶやきとともに，笑いが起こることでしょう。

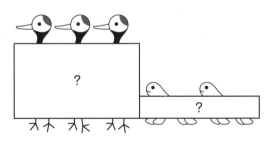

問題だからと言って盲目的に取り組むのではなく，実際の場面を想像して考えることは，活用能力につながります。

そこで次のように切り返します。

「確かにこの状況で連立方程式を立てて解くことで鶴と亀が何匹かを求める人はいないですね。では，この連立方程式を立てるにふさわしい場面を考えてみましょう」

生徒は連立方程式を使うことのできるいろいろな場面や問題を自由に考えます。難しい問題をつくることにこだわらず，連立方程式の活用場面を想起させるような，いろいろな意見を引き出すことを大切にします。

連立方程式／連立方程式の利用

27
机の高さは何cm？

課題ネタ

難易度★★

中学入試問題を参考につくった問題です。連立方程式を使って解くことができます。連立方程式を使わない考え方と比べることで，連立方程式を使うよさを考えるきっかけにすることができるネタです。

右のイラストを見て机の高さを求める問題です。大人でもすぐにはわからない問題ですが，そういった問題ほど生徒の士気も高まります。

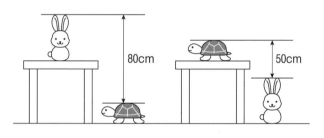

うさぎ，かめ，机の高さをそれぞれ x，y，z とおきます。図の関係を式に表すと，① $x+z-y=80$，② $y+z-x=50$ の２つの式ができます。

２つの式をたすと $2z=130$，つまり $z=65$ だから机の高さは65cmであることがわかります。

連立方程式を使わない場合，どちらか一方の机を他方の机の上に重ねると，うさぎとかめの高さがそれぞれ相殺され，机２つ分の高さが130cmであることがわかります。それを利用して解きます。

「すごい発想の解き方だね。でも，連立方程式を使えば，こんなすごい発想がなくても，解けてしまうね」

と方程式を使うことのよさを価値づけます。

また，「うさぎとかめの高さはわからないのか」という疑問をもつ生徒がいれば，深めてみてもおもしろくなります。

連立方程式／連立方程式の利用

28
電車が「通過する」ってどういうこと？

教具ネタ

> 連立方程式の問題にある「通過算」は，イメージをもてるかどうかで理解の深さが一気に変わります。生徒が身の回りにあるものを使って説明し合うことで，通過のイメージをもつことができます。

> ある列車が1280mの鉄橋を渡り始めてから渡り終えるまでに60秒かかり，2030mのトンネルに入り始めてから出終わるまでに90秒かかりました。このときの列車の長さと速さを求めましょう。

上の問題を考える際，教師がアニメーションを自作して生徒に提示したり，黒板に図をかいて説明したりすることが考えられますが，時間も手間もかかり大変です。通過のイメージを全員がもつために，生徒の身の回りにあるものを使って再現させましょう。

「教科書が鉄橋，筆箱が列車だと思って，動かしてみよう」

ペアになって筆箱を動かします。「筆箱の先頭が教科書の端に来たときが渡り始めたときだね」「渡り終えたときは筆箱の後ろの部分が教科書から出たときだね」など，生徒はものに置き換えて列車の通過を説明し合います。教師はそのやりとりを基に，列車が鉄橋を通過している様子のイラストを板書していきます。全体で確認する際は，そのイラストを基に，列車の通過について生徒に説明させましょう。

具体物に置き換えることは小学校でよく行われる手法ですが，中学校でも有効な手立てとなることがあるので，活用していきましょう。

連立方程式／連立方程式の利用

29
2人が出会うとは どういうこと？

課題ネタ
難易度★★

> 連立方程式の文章題では，速さについての問題が多くあります。問題の中の「追いついたとき」「出会ったとき」に何が起きているのかを言語化することは，思考力や表現力を高めるのに効果的です。

> A，Bの2人が，1周1500mの池のまわりを，同時に同じ場所を出発して，それぞれ一定の速さでまわります。同じ方向にまわると，30分後にはじめてAがBに追いつき，反対方向にまわると，5分後にはじめて出会います。A，Bの分速をそれぞれ求めなさい。

　上の問題を生徒に提示します。速さの問題は難しいと苦手意識をもつ生徒もいます。図をかいて問題を把握しようとしている生徒を価値づけましょう。問題の場面を全体で確認し，「同じ方向にまわる」「反対方向にまわる」の違いを明確にします。そして，
　「2人が追いつく，はじめて出会うとはどういうこと？」
と生徒に問いかけます。ここからが，生徒の思考力や表現力を伸ばす場面です。最初は拙い説明かもしれませんが，生徒の発言をつないでいき，何が起きているのかを明確にしていきます。「同じ方向にまわるとき，速い方が1周多くまわることになる」「反対方向にまわるとき，2人で1周まわったことになる」といった生徒の発言を引き出しましょう。このとき，図を使って説明したり，実演したりする生徒を大いにほめましょう。
　それぞれ，2人のまわった道のりの差が池の1周の長さ，2人のまわった道のりの和が池の1周の長さになることが確認できれば，立式もできるようになります。

連立方程式／連立方程式の利用

30
どちらがお得？

難易度★★★

> 連立方程式を使って，どちらがお得かを考える探究ネタです。問題の条件が増えると，生徒は問題を難しく感じますが，これまでに学習したことを組み合わせれば問題が解決できます。

生徒会で古紙を回収しました。集めた紙は全部で840kgあり，そのうち新聞紙は200kgあり，残りは雑誌と段ボールです。雑誌と段ボールの回収量の差は160kgでした。A社とB社のどちらに交換を依頼する方が得ですか。	A社の交換金額（1kgあたり） ・新聞紙　6円 ・雑誌　　7円 ・段ボール　8円 B社の交換金額（1kgあたり） ・新聞紙　7円 ・雑誌　　8円 ・段ボール　6円

上の問題を提示した際に，生徒がまず困るのは何を x や y とするかです。
「3つの数量が出てきますが，連立方程式をつくることはできますか？」
と生徒に問いかけるとよいでしょう。問題から何がわかっていて，何を求める必要があるのかを明確にします。この問題の場合，雑誌と段ボールの回収量を求めれば，交換したときの金額を求められることに気づかせます。

「回収量の差が160kg」という部分から，$x - y = 160$ という方程式がつくれますが，どちらの回収量が多かったかは問題文に書かれていないため，雑誌が多く集まった場合と，段ボールが多く集まった場合の2通りの交換金額を求める必要があります。ここからは難易度が上がっていくので，連立方程式を解いた後に学級全体で2通りの解が存在することを確認します。

最後に，雑誌が多く集まった場合の交換金額と段ボールが多く集まった場合の交換金額を求めます。ここまでたどり着くのに時間はかかりますが，学習してきたことを活用する経験は生徒にとって大きな財産となります。

連立方程式／連立方程式の利用

31

連立方程式で解く問題をつくろう

 探究ネタ

> 与えられた文章題を解くことも大切ですが，連立方程式で解くことができる問題を自分でつくることも大切です。自分で条件を付け加えて，問題づくりをするという探究ネタです。

「関係を式で表すと，$x+3y=10$になる問題をつくりましょう」
と生徒に指示します。

いざ問題をつくる側になると，どんな問題をつくってよいか困る生徒も出てきます。そこで，教科書を見て，これまでにどんな文章題があったか参考にしてもよいことを伝えます。

生徒の実態に応じて，ペアやグループで問題をつくらせてもよいでしょう。いくつか問題ができたところで，次の指示をします。

「その問題に条件を加えて，連立方程式で解くことができる問題をつくりましょう」

例えば，次のような問題が考えられます。

封筒にチケットを３枚入れたときの重さは10gでした。同じ封筒にチケットを１枚入れたときの重さが６ｇのとき，封筒とチケット１枚の重さをそれぞれ求めなさい。

連立方程式で解ける問題をつくるには，解を先に決めたり，どんな条件を付け加えるとよいかを考えたりと，普段とは逆の思考を働かせる必要があります。

実際に解けるかを確認し合うことで，連立方程式の理解が深まります。

連立方程式／連立方程式の利用

32

3つの文字を含む連立方程式を解こう

探究ネタ

　二元一次方程式を学習した後に，発展的な三元一次方程式を扱う探究ネタです。問題を解けることよりも，どうやって連立方程式を解いたかという本質に立ち返ることを大切にしましょう。

　10円，50円，100円の硬貨が全部で30枚あります。その合計の額は1800円で，10円硬貨の枚数が，50円硬貨の枚数と100円硬貨の枚数の和に等しいとき，硬貨の枚数をそれぞれ求めなさい。

　上の問題を生徒に提示します。自分で立式ができる生徒も多くいますが，まずはこれまでの問題との違いを明確にします。次のように尋ねます。
「今日の問題はこれまでと何が違いますか？」
　生徒からは「わからないものが３つあります」「文字を３つ使うことになります」といった反応が期待できます。それらの気づきを価値づけた後に，立式に移ります。立式は二元一次方程式と同じようにできます。10円，50円，100円の硬貨の枚数をそれぞれ x，y，z とします。

$$x + y + z = 30 \quad \cdots ①$$
$$10x + 50y + 100z = 1800 \quad \cdots ②$$
$$x = y + z \quad \cdots ③$$

　２つの文字があっても，式が２つあれば片方の文字を消去できるというのがこの単元での学びです。それを生かし「３つの文字があっても式が３つあれば解けるのではないか」という考えが引き出せるとよいでしょう。

連立方程式／連立方程式の利用

33
コンピュータに
「解けません」と言わせよう

連立方程式は，その係数によっては解けないこともあります。コンピュータを使い，係数を変化させる中で，解けない場合があることを気づかせ，解けないのはどんな場合なのかと思考を深めるネタです。

連立方程式の係数を様々な値にしてみると，解けない場合があることに気づきます。タブレットを使って様々な値にしてみましょう。インターネット上に連立方程式を解くサイトやアプリ，プログラムはたくさん存在するので，それを使います。例えば下のようなものです。

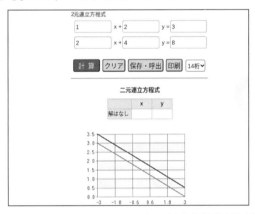

（二元連立方程式高精度計算サイト Keisan）

生徒は解けない場合があることに気づいたら，どんな場合に解けないのかと自ら次の問題を見つけていくでしょう。生徒は解けない場合を見つけようと，コンピュータに様々な数値を入力しながら試行錯誤します。グラフを表示できるサイトもあるので，必要に応じて活用します。すると，連立方程式が解けないのは，グラフが一致している場合とグラフが平行になる場合だと気づき，連立方程式とグラフの関係についての理解を大きく深めます。

一次関数／一次関数とグラフ

34

表から一次関数か判断しよう

説明ネタ

> 事象が一次関数かどうかを判断する問題が苦手な生徒にとって，xとyの関係を式に直すことは難しいものです。具体的な数値を表に整理して，一次関数かどうかを判断できるようにするための説明ネタです。

> ア～ウはyがxの一次関数であると言えますか。
> ア　時速5㎞でx時間歩いたときの道のりy㎞
> イ　20個あるアメをx個食べたときの残りy個
> ウ　1200円のプレゼントをx人で割り勘したときの1人分の代金y円

「1時間歩いたら…」「2時間歩いたら…」「1個食べたら…」「2個食べたら…」「1人で払ったら…」「2人で払ったら…」と考えさせることで，苦手な生徒であってもイメージを膨らませて表を完成させることができます。
　まずはアについて考えていきます。
「xの値を一定ずつ変えたときにyの値も一定ずつ変わるのが一次関数」
と押さえることで，イとウについても自分で判断しようとします。事象によって，yの値が増加する場合も減少する場合もあることも押さえておきましょう。アでは，$x=0$のとき$y=0$となる比例も一次関数の一種であると気づかせることができます。ウは，1年生で学んだ反比例の関係であり，生徒にとってなじみのある関数です。yの値の変化が一定ではないことに注目できれば，ウは一次関数ではないと判断できます。
　xとyの関係を式に表して判断する力はもちろん大切ですが，「行き詰まったら，具体的な数値で考えよう」を合い言葉にするとよいでしょう。

一次関数／一次関数とグラフ

35
変化の割合を具体的にイメージしよう

説明ネタ

> 変化の割合について抽象的な説明だけで理解できる生徒は多くありません。そこで，身の回りのことを話材にすることで，具体的なイメージをもって変化の割合を理解させるための説明ネタです。

変化の割合の定義を押さえた後に，次のように話します。
「先生はかつて8か月で12kgも太ってしまったことがありました…」
生徒の表情の変化に注目しながら，
「今，どんなことを考えましたか？」
と聞いていきます。何人か指名するうちに，必ず「1か月では何kg太ったのかと考えた」という生徒が出てきます。そこで，次のように問いかけます。
「例えば，4月から11月までの8か月で58kgから70kgになったとしたら，1か月でどれほど太ったことになるのでしょう」

式で答えさせると，$\frac{70-58}{12-4}$ です。まさに変化の割合の考え方と同じであることを強調しておきましょう。

「皆さんは，知らぬ間に変化の割合の考え方が身についていたというわけです。変化の割合＝$\frac{y の増加量}{x の増加量}$ というのは，つまり x が1増加すると y はいくつ増加するかということなのです」

このように，抽象的な説明だけでなく，身の回りのことを話材にすることで，具体的なイメージをもって変化の割合をとらえさせることができれば，生徒の理解も深まります。

その他にも「この20年間で，持っている漫画が200冊から40冊に減りました」といった変化の割合がマイナスになる話材も考えられます。

一次関数／一次関数とグラフ

36
変化の割合とグラフの形の関係を考えよう

説明ネタ

> 一次関数は変化の割合が一定なため，変化の割合を学ぶ意義を実感しにくいものです。そこで，一次関数のグラフのかき方の指導後，変化の割合に立ち戻り，グラフが直線になる理由を考えさせます。

まず，$y = \dfrac{3}{4}x + 1$ のグラフをかきます。

次に，表をかきます。

x	-8	-4	0	4	8
y	-5	-2	1	4	7

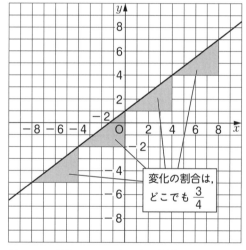

変化の割合は，どこでも $\dfrac{3}{4}$

x の値が -8 から -4 のときと，4 から 8 までのときの変化の割合をそれぞれ求め，いつも $\dfrac{3}{4}$ であることを確認します。

以上を踏まえて，

「変化の割合が一定であることとグラフの形には，どんな関係があるのでしょうか？」

と発問します。

このようにして，一次関数（や比例）では，x の範囲によって変化の割合は変わらないため，グラフが直線になることを押さえます。このとき，異なる例として，反比例の場合では x の範囲によって変化の割合が変わるため，グラフが曲線になることを合わせて押さえるとよいでしょう。

一次関数／一次関数とグラフ

37
グラフの変化を説明しよう

課題ネタ
難易度★

一次関数 $y = ax + b$ のグラフは，a，b の値によって変化します。ペア活動を通して a，b の値の変化によるグラフの形状の変化を説明させることで，グラフの基礎基本の定着を図る課題ネタです。

一次関数 $y = ax + b$ のグラフが図のようになるのは，a，b がどのような値のときですか。次のア～ケのうち，正しいものを選びましょう。

ア　$a > 0, b > 0$
イ　$a > 0, b < 0$
ウ　$a < 0, b > 0$
エ　$a < 0, b < 0$
オ　$a < 0, b = 0$
カ　$a = 0, b < 0$
キ　$a > 0, b = 0$
ク　$a = 0, b > 0$
ケ　$a = 0, b = 0$

個人で判断させた後，ペアでどんな考えで選んだのかを互いに説明させることで，自身の知識を整理し相手にわかりやすく伝える力が高められます。

ウのときに上の図のようなグラフになりますが，それ以外のときにそれぞれどのようなグラフになるのかをノートにまとめさせることで，一次関数のグラフの基礎基本を整理することができます。後に出てくる探究ネタ「どんなときにこのグラフになる？」と合わせることで，生徒の考える力を高めることが期待できます。

一次関数／一次関数とグラフ

38
一次関数のグラフはどう変化する？

教具ネタ

> 一次関数のグラフの傾きや切片を変化させることで，グラフの変化を視覚的につかませます。変化させる前に，形がどう変わるかを生徒に予想させてから動かしていくとよいです。

元大阪教育大学附属高等学校池田校舎の友田勝久先生が開発された関数ソフト GRAPES-light を使い，$y = ax + b$ のグラフの傾きや切片の値（パラメータ値）を変えることで，グラフが変化する様子を見せます。

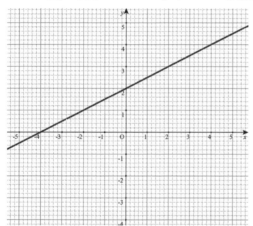

上の図のパラメータ値を変えていくことで，グラフの形が変化していきます。

傾きと切片を理解していれば，どんな動きをするか予想できるはずなので，あらかじめ生徒にどんな変化をするか予想させてみましょう。

１年生の比例の学習を想起させ，比例が一次関数の特殊な例だということにも気づかせたいところです。

一次関数／一次関数とグラフ

39
グラフの読みかきの力を身につけよう

課題ネタ
難易度★

> 一次関数の単元に入ってしばらくすると，多くの学校は夏休みを迎えます。グラフから式をつくる，式からグラフをかくという基本的なスキルを全員が身につけ，達成感をもって１学期を締め括るためのネタです。

　グラフから式をつくること，式からグラフをかくことはクラス全員ができるようになってほしい，一次関数の単元の基本的な学習内容です。特にグラフがかけているかどうかは机間指導などをして，一人ひとりがかいたものを，教師がじっくり見る必要があります。グラフの読みかきの問題を，級友の力を借りながら，全員が解きます。生徒全員が，自分がかいたグラフを先生に見てもらい，丸をもらい，自信をつけて夏休みを迎えることができるようにします。

　方法は非常にシンプルです。グラフを読む問題，かく問題のプリントを用意します。黒板に生徒全員分の出席番号を書き，次のような指示を出します。

「すべてできたら，先生のところに持って来てください。丸つけをします。全問正解だったら黒板の出席番号に○をつけましょう。わからない子は○のついている子を席まで呼び，教えてもらっても構いません」

　すると，わからない生徒は○のついている仲間を呼び，教えてもらい，どんどん○が増えます。

　最後には全員の番号に○がつき，みんなで成果をたたえ合い，１学期の授業を締め括ります。

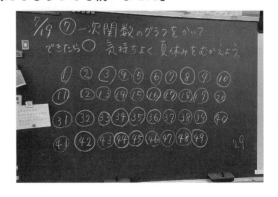

一次関数／一次関数とグラフ

40
コンピュータはグラフを
どのようにかくのかな？

グラフ作成ツールが右上がり・右下がりにグラフをかくのを見ることで，関数の基本である「xの値が増加したときにyの値がどのように変化するか」という考え方を改めて意識させることのできる教具ネタです。

「コンピュータでグラフをかかせると，下から上にグラフをかくのでしょうか？」
と発問します。生徒は比例定数が正のグラフを思い浮かべやすいため，「下から上にかく」と多くの生徒が答えます。グラフ作成ツールを使い，比例定数が正のグラフをいくつか見せ，コンピュータが常に下から上にグラフをかくことを共有します。続いて，

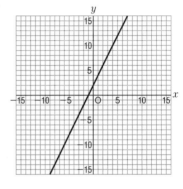

「反対に，上から下にグラフをかくことはないのでしょうか？」
と発問します。「比例定数が負のグラフなら，上から下にかくはず」とつぶやく生徒がいたら，同じようにコンピュータにかかせ共有します。次に行う発問が大切です。

「なぜコンピュータは，下から上にかくときと，上から下にかくときとに分けているのでしょう？」

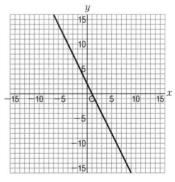

xの値が増加するときのyの値の変化に注目していることを生徒に改めて意識させます。「右上がり・右下がり」とはいうけれど，「左上がり・左下がり」とは言わないことに気づく生徒がいたら，大いにほめましょう。

一次関数／一次関数とグラフ

41
一次関数の
グラフかな？

説明ネタ

> 一次関数のグラフの授業を進めると，「折れ曲がったグラフは一次関数なのだろうか」と疑問に思う生徒が出てきます。そんな生徒の疑問に応える説明ネタです。

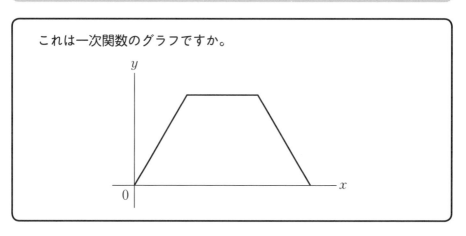

これは一次関数のグラフですか。

　グラフが直線であれば一次関数であると学んでいる生徒にとって，上のグラフが一次関数かどうかの判断は難しいはずです。折れ曲がっていて直線ではないから一次関数のグラフではないと判断するかもしれません。
　「部分的に注目するとどうですか？」
と補助発問しましょう。「最初の斜めの部分は x に変域のあるグラフで見たことがある」「３つのグラフが組み合わさっているのかな」とつぶやく生徒が出てくることでしょう。
　複雑そうに見えるものでも，実は基本的なことの組み合わせで成り立っているのではないかと考える姿勢を育てていきたいものです。このグラフは，動点の問題でも見られるおなじみのグラフです。

一次関数／一次関数とグラフ

42
2つのグラフが表していることは？

課題ネタ

難易度★★

> グラフは，横軸と縦軸が何を表しているかが重要です。同じ状況を表している2つのグラフから，グラフを読み取る力を高め，横軸と縦軸が何を表しているのかに注目する大切さを感じさせられる課題ネタです。

A君の家の庭には600Lの水が入る池があります。すべての水を抜いて掃除した後，一定量ずつ水を入れ続けたら，ちょうど3日間で池の水が満タンに入りました。このことをB君とC君に話すと，2人がそれぞれ次のようなグラフをかいて，水の入り方を表しました。2つのグラフはそれぞれどんなことを表しているのでしょう。

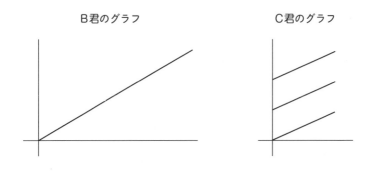

2人のグラフの縦軸は入った水の量で共通していますが，横軸が違います。B君は水を入れ始めてからの時間，C君は時刻を表しています。C君のグラフの2段目は2日目，3段目は3日目を表しています。はじめて見るグラフに驚きながらも，グラフから読み取る楽しさや，何を横軸や縦軸にするかが大切であることを実感できるでしょう。

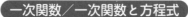

43
a,b,c が0のときの グラフの形は？

　一般化は，大事にしたい数学的な考え方です。一方で，特殊化で打開が図れる場面もたくさんあります。方程式のグラフを一般化した後は，特殊な場合の0を扱うことで考えを深めます。

　この単元で方程式のグラフという概念を獲得します。いくつかの二元一次方程式のグラフをかいた後に，式を一般化して $ax+by=c$ のグラフがかけるようになったことを確認します。そして，

　「特別な場合を考えよう。例えば，a,b,c がどんな値のときに特別になるんだろう？」

と発問し，「0」という反応を引き出します。a,b,c に順に0を代入して考えます。その際に，0でない文字の値にも適当な整数を入れることで，考えやすくします。例えば，$a=0,b=1,c=4$ を代入すると $0x+1y=4$ となり，x がどんな値をとっても y の値は4になり，$y=4$ のグラフは点（0，4）を通る x 軸に平行な直線になることがわかります。具体的な数をあてはめて考えてから，$y=k$ のグラフが x 軸に平行な直線であると一般化します。$a=0$ の場合を丁寧に扱うことで，$b=0,c=0$ は生徒主体で考察できるようになるので，グループで活動します。

　$b=0$ の場合は，a,c の値をそれぞれ設定して考えることで，どれも y 軸に平行な直線になることに気づくでしょう。$c=0$ は一見，法則がなさそうと感じますが，いくつか例を出していくうちに，既習事項の比例であることに気づきます。それぞれが一次関数になっているかどうかを確かめることもおもしろいでしょう。比例は一次関数の特別な場合であることを印象づけることができますし，$x=k$ は関数の定義を振り返るよい機会です。このように，教科書の行間を埋めながら授業を進行していくことが大切です。

一次関数／一次関数と方程式

44

方程式の解を見える化しよう

説明ネタ

> 方程式とグラフの関係の指導は，グラフの有用性を生徒に実感させるうえでとても大切です。教師がそのことをしっかりと意識して授業を進めたいものです。

二元一次方程式「$x+y=7$」を提示して，次のように授業を進めます。
「この方程式の解はいくつあるでしょうか？　ノートに書きましょう」

ノートに書かせることで，全員を授業に参加させることができます。解が無限にあることを確認後，いくつか具体例をあげさせるとよいでしょう。
$x=1, y=6$　　$x=2, y=5$　　$x=-1, y=8$　　$x=-2, y=9$…

「これらの解を座標として考えて，グラフ上で点をとってみましょう」
と続いて指示します。

グラフ上に点をいくつかとった後，次のように発問します。

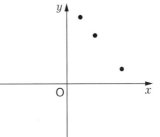

「解は無限にあるわけですから，他にも点はありますよね。その点はどのような位置にくるか予想できますか？」

生徒は「すでにとった点と点を結んだ直線上に並ぶ」といった発言をするでしょう。これをすぐには認めず，

「絶対にすべての点がその直線上に並ぶのでしょうか？　無限にあるので，1つくらい外れてしまうのはないでしょうか？」

と揺さぶります。「$x+y=7$…①は，$y=-x+7$…②と同じで，②のグラフは直線だから外れてしまう点はありません」といった解答が引き出せればよいでしょう。このことは，方程式の解をグラフで表す，まさに「方程式の解の見える化」であることを強調しておきましょう。

一次関数／一次関数と方程式

45
2直線の交点はどこにある？

探究ネタ

　一次関数のグラフの交点を求める問題です。交点を見えないようにすることで，計算で求めようとする流れをつくります。連立方程式を解けば交点を求められるということに生徒が気づくことができます。

二元一次方程式のグラフを指導した後に，以下の問題を生徒に提示します。

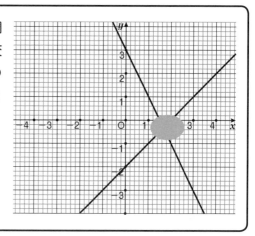

　右の2つのグラフの交点を調べたいのですが，汚れていて交点の座標がわかりません。どのようにしたら交点を求めることができるでしょう。

　生徒はグラフの交点を調べるために，直線と方眼を伸ばして考えますが，次第に直線の式を求めようとし始めます。そのため，提示する2つの直線は格子点上で交わらないものにします。
　生徒はグラフの傾きと切片から，直線の式を $y = ax + b$ で求めますが，式変形をすると $ax + by = c$ になることを想起させると，2つの直線の交点の座標は，連立方程式の解と一致することに気づく生徒が出てきます。解を求めた後に汚れのない2つのグラフを生徒に示し，交点の座標と一致していることを確認します。

一次関数／一次関数と方程式

46
なぜ2直線の交点を連立方程式で求められるの？

課題ネタ
難易度 ★★

> 2直線の交点の座標は，その2直線を表す2つの式を連立方程式とみて解くことで求められます。入試でも頻出されるので，多くの生徒が知っている方法ですが，形式的に扱わない教師のマインドが大切です。

　2つの二元一次方程式のグラフをそれぞれかき，2直線の交点の座標を読み取ります。また，2つの方程式を連立方程式とみて解きます。すると，それらが一致することがわかります。連立方程式の解の意味と，二元一次方程式のグラフの意味を習っていれば当然のことだと考えがちですが，教師は，
　「このことからどんなことがわかるかな？」
と問い，生徒に言語化させたいものです。
　連立方程式の解の意味と，二元一次方程式のグラフの意味をそれぞれ理解していても，この2つの事柄を結び付けて説明することには価値があります。あまり長々と扱うと，授業がだれてしまうので，短時間で，何人かを意図的指名して説明させます。その後，ペアやグループで時間を区切って，全員が説明する機会を設けるとよいでしょう。4人グループをつくり，順番に1人30秒ずつ時間をとって説明させることがおすすめです。
　問題を解くことにも時間をかけたいですが，事柄に対する理解を，自分の言葉で説明させることや，級友の説明を聞くことは，学校に来て学ぶことの大きな意義になります。特に，すでに学んだ2つの事柄を結び付けて説明することは，学び直しという観点からも，統合的に考えるという観点からも，意義が大きいと言えます。教師は，既習事項の原点に返り，その意味を言語化させる機会をつくるべきです。地道に繰り返すことで「計算問題はできるが，文章問題になるとその意味がわからない」と感じている生徒を減らし，数学の学びを楽しむ生徒の育成をしたいものです。

一次関数／一次関数と方程式

47

A＝B＝Cの方程式を
グラフに表そう

A＝B, B＝C, A＝Cのどの2つを組にした連立方程式を解いても解が等しいことは，前単元で学んでいます。このことをグラフにかくことによって「見える化」する説明ネタです。

$$3x+2y=5+3y=2x+11$$

まずは，上の方程式を解くよう指示します。上の式から，

$3x+2y=5+3y$　　整理して，$3x-y=5$…①
$5+3y=2x+11$　　整理して，$2x-3y=-6$…②
$3x+2y=2x+11$　　整理して，$x+2y=11$…③

の3つの二元一次方程式をつくることができます。生徒はその中から2つを組み合わせて解いていくでしょう。生徒にどの2つを選んで解を求めたのかを確認します。また，解が一致していることも確認します。

解く中で，1つの方程式を使わないことに疑問を抱く生徒もいるでしょう。そこで，グラフをかくように指示します。

実際にかいてみることで，3本のグラフが1点で交わることに気づき，驚く生徒もいます。

「3本の直線が1点で交わるから，解は一致しているんだ」「だから，どの2つの方程式を選んで連立させて解いてもいいんだ」と気づくことができます。

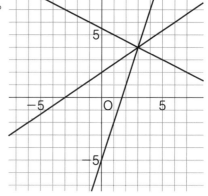

一次関数／一次関数の利用

48

動点の動きを視覚化しよう

教具ネタ

> 動点の問題は，点が動いたときにできる図形をイメージできず，苦手に感じている生徒が多くいます。作図ツールを使って視覚化することで図形のイメージをつかみ問題を解くことができるようになります。

長方形 ABCD の辺の上を，点 P が毎秒 1 cm の速さで，B を出発して，A，D を通って，C に移動します。点 P が B を出発してから x 秒後の△PBC の面積を y cm^2 とするとき，x と y の関係を式に表しましょう。

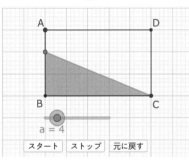

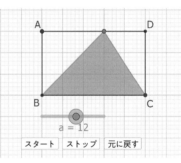

上の 2 つの図は，作図ツールの GeoGebra のアニメーションで作成しています。教師が全体に一斉に見せたり，リンクを送って個別に見せたりすることが可能です。問題文だけではイメージがもてない生徒も，視覚化することで点が動いたときにできる図形が一目瞭然になります。

すぐに関係を式に表すのではなく，面積の変化について生徒が気づいたことを共有していくと，さらに変化の仕方のイメージがもてます。「面積が変わらないところがある」という気づきを待ちましょう。

一次関数／一次関数の利用

49
電気料金のグラフから会話を想像しよう

課題ネタ
難易度★★

> 一次関数のグラフと生活場面を結び付ける問題です。グラフから読み取れることを出し合っていくと，グラフの見方や関数の考え方の理解が深まります。生徒がなぜそう考えたのかの根拠を大切にしていきます。

　右のグラフは2つの電力会社の料金を表したグラフです。

　太郎君のおうちでは「うちはA社がお得」と話しているそうです。他にどんなことを話していると思いますか。

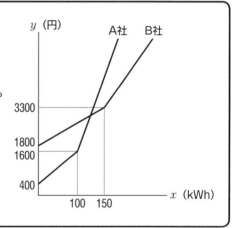

　上の問題を提示し，グラフから読み取れることを出し合っていきます。「切片を見ると基本料金はA社が安そうだね」「A社は100kWhを超えると，急に料金が上がっていくね」「A社が得ということは，あまり電気を使わないおうちではないかな」など，生徒から出た意見には

「どうしてそう思ったの？」

と問い返しをしながら根拠を明らかにしていきましょう。

　「A社が何円までお得かを求めるには，グラフの交点を求めればいいね」という発言が出れば，大いに価値づけたいものです。

　生活場面と数学のつながりを実感できる問題です。

一次関数／一次関数の利用

50
どんなときに このグラフになる？

探究ネタ

具体的な場面や式からグラフをかくことは慣れていても，逆にグラフからどんな場面が想定されるか考えることは少ないと考えられます。グラフから具体的な場面を考えさせる探究ネタです。

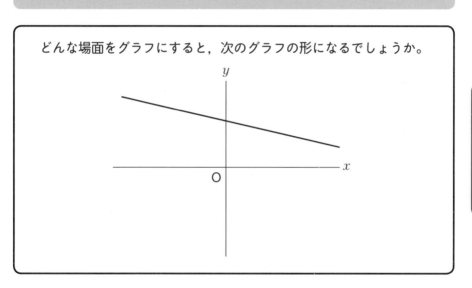

どんな場面をグラフにすると，次のグラフの形になるでしょうか。

このグラフを見た生徒は，だんだん減っていく状況をいろいろな視点で考えていくでしょう。「おこづかい」と単語でつぶやく生徒がいるかもしれません。そのようなときは，

「おこづかいで，何を x，何を y とするとこの形のグラフになる？」
とさらに聞きましょう。

「おこづかいを x 円使ったときの残り y 円」「走った時間を x 分として目的地までの残りの距離 y m」「お風呂の水を抜いた時間 x 秒と残っている水の深さ y cm」など，日常の身近な場面をたくさんイメージさせましょう。

065

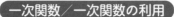

一次関数／一次関数の利用

51

利益を最大にしよう

世の中には，複数の要素を考えながら，条件の中で最も適切な選択肢を選ぶという機会が多くあります。企業でも使われている「線形計画法」を扱い，一次関数が実際に使えそうだと生徒に実感させるネタです。

> チョコレートとビスケットでできたお菓子AとBを製造しています。Aを1つつくるにはチョコレート2gとビスケット2g，Bを1つつくるにはチョコレート3gとビスケット1gが必要です。AとBを1つずつ販売すると，それぞれ7円，5円の利益が得られます。チョコレートとビスケットの使用量の上限はそれぞれ19g，13gです。利益を最大にするには，AとBをそれぞれいくつつくればよいでしょうか。

上の問題を例として取り上げます。まずは考え方を示します。
A，Bをそれぞれ x，y 個つくるとする（ともに0以上）
チョコレートの制限から　$2x+3y \leq 19$　…①
ビスケットの制限から　$2x+y \leq 13$　…②

この条件で，利益 $7x+5y$ を最大にします。$7x+5y=k$ …③とおき，①，②，③をグラフに表します。①，②の交点は（5，3）になるので，③がこの点を通るときに k の値（利益）が最大となります。計算するとAを5個，Bを3個つくると，利益が最大の50円になることがわかります。

時にはこういう難問にふれることで，数学が得意な生徒にも負荷をかけます。方程式のグラフの復習や，グラフの上で範囲を示す学習になります。数値は単純化しているものの，様々な企業で線形計画法と呼ばれるこの方法が使われていることを生徒に伝えるとよいでしょう。

図形の調べ方／平行と合同

52

どうして三角定規セットで平行線がかけるの？

> 小学校で学んでいるので三角定規セットを使えば平行線をかけることは，知識としては知っています。ただの知識で終わらせず，図形のどのような性質が利用されているかを考えさせるための課題ネタです。

直線を1本自由にかかせた後，この直線に平行な直線をかくためにはどのように作図すればよいのかを問います。小学校で学んだことを思い出して，三角定規セットを使ってかく生徒がいるはずです。生徒の1人に代表として黒板に作図させ，学級全員でかき方を確認して，各自ノートに作図させます。

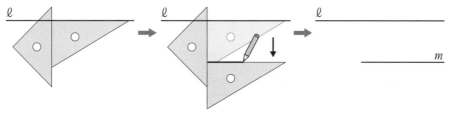

そのうえで，次のように問います。

「どうして，この作図の仕方で，直線 m は直線 ℓ と平行になるのでしょうか？」

知識として覚えて，かくことができるだけの生徒は，「どうして？」と聞かれると悩むことでしょう。技能を取得して作図できることも重要ですが，それ以上に「なぜそれでできるのだろう」と疑問に思って解明しようとすることが大切です。小学校で教えてもらった作図の方法が，実は同位角の性質を利用していることに気づけると，図形についての学びにより興味をもたせることができるはずです。

図形の調べ方／平行と合同

53
角の求め方を見つけよう

課題ネタ
難易度★

> 有名な図形であれば，角度の求め方がパターン化されています。ただ暗記して使うのではなく生徒自身に考えさせることで，数学の美しさを感じさせることのできる課題ネタです。

∠xの大きさを，a，bを使って表しましょう。

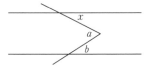

困っている生徒には「$a=80°$，$b=35°$とすると…」と具体的な数値を与えると，線を延長したり平行線をかいたりして $x+35=80$ であることに気づきます。$x=80-35$ から，$x=a-b$ と表すことにつながります。

次の図の∠xはどのように表せるでしょうか。

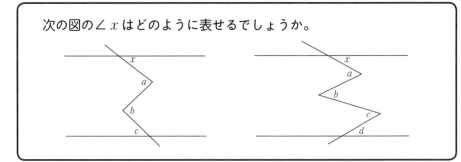

補助線を活用して試行錯誤することに価値があります。左の図のxは，$x=a-b+c$，右の図のxは $x=a-b+c-d$ であることに気づくと，折れ曲がりがさらに増えたときの∠xの求め方を帰納的に考えるようになります。規則正しい計算式に，数学的な美しさを感じることができるでしょう。

図形の調べ方／平行と合同

54
補助線の背景を考えよう

> 補助線を引くと，解決の糸口が見えるということはよくあります。しかし，補助線を引かれた図形を見て，解説してもらうだけでは力はつきません。補助線の背景を言語化することで，発想力を高めるネタです。

　星形多角形，ブーメラン型などの問題には，定番の補助線の引き方があります。なぜその補助線を引いたのかを発表して共有することも大切ですが，それだけでは力が十分につきません。次のように指示し，考えを深めます。

　「この線分をなぜ引いたのですか？　神様が引きなさいとささやいたのですか？　神様は耳元でささやかないはずです。きっと何か考えがあって引いたのだと思います。ぜひその理由をみんなに話してください」

　さらに，下のようにICT機器を使い，クラスで考えられたすべての補助線を紹介します。自分が考えつかなかった補助線の背景を考えることでさらに数学的な見方・考え方は広がるでしょう。

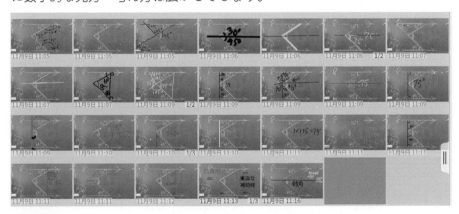

【参考文献】
・玉置崇『スペシャリスト直伝！　中学校数学科授業成功の極意』（明治図書）

図形の調べ方／平行と合同

55
作図ツールで図形を動かそう

教具ネタ

> 三角形の内角の和が180°になることを証明した際，生徒はその三角形のみに成り立つものだと考えがちです。どのような三角形でも成り立つことを，図形を動かして確認することが大切です。

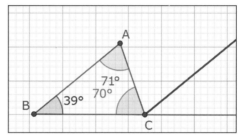

上の図のように，平行線を使って三角形の内角の和が180°になることを示した後で，生徒に問いかけます。

「どんな三角形でも，内角の和はいつも180°だといってよいですか？」

下の図はGeoGebraを使って頂点や辺の長さを自由に変えた△ABCです。上の図で行った証明と同様に，平行線を使ってどんな三角形でも内角の和が180°であることが証明でき，具体的な角度の大きさでもそれを確かめることができます。

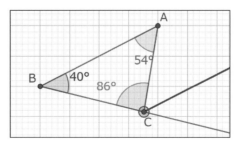

図形の調べ方／平行と合同

56
鋭角三角形はどんな図形？

説明ネタ

　内角の大きさによって分類される三角形の中でも，鋭角三角形であるかどうかの判断は間違いやすいものです。生徒の気づきから，鋭角三角形の判断を正確にできるようにするための説明ネタです。

　最初に直角三角形を提示し，「直角三角形が１つの内角が直角である三角形」であることを確認しておきます。続いて，

「この直角が90°より小さくなったり大きくなったりした三角形には名前はないのでしょうか」

と問います。鋭角や鈍角を学んでいるので，「鋭角三角形」「鈍角三角形」とつぶやく生徒がいるはずです。そのつぶやきが聞こえたら，鋭角三角形と鈍角三角形がそれぞれどんな図形であるか問います。「鈍角がある三角形が鈍角三角形」「鋭角がある三角形が鋭角三角形」と答える生徒がいるはずです。ここで，次のように発問します。

「１つの角が50°の三角形は鋭角三角形ですか？ それとも鈍角三角形ですか？」

　反射的に，「鋭角三角形」と答える生徒がいます。しかし，残りの２つの角の大きさを具体的にイメージする生徒もいるはずです。「残り130°だから，70°と60°の組み合わせができる」「その３つの角なら鋭角三角形だ」「90°と40°の組み合わせでもいい」「それは直角三角形だ」「100°と30°でもいい」「それは鈍角三角形だ」「１つの角が50°というだけでは，どんな三角形か確定できない」などの発言を生かしながら１つの内角が鋭角であるという条件だけでは，三角形は判断できないことを押さえます。最後に，鋭角三角形はどんな三角形か問うことで，「３つの内角がすべて鋭角である三角形」という正確な表現に迫ることができるでしょう。

図形の調べ方／平行と合同

57

多角形の内角の和を求めよう

課題ネタ
難易度★★

> 式からどのように分割したのかを考えさせ，多様な考えから多角形の内角の和を求められることを目指します。多角形の内角の和の公式を導き出す方法につながるネタです。

五角形の内角の和を，3人が以下のような式で求めました。3人がそれぞれどのように考えたのか説明しましょう。

A君…$180° \times 3$

B君…$180° \times 5 - 360°$

C君…$180° \times 4 - 180°$

生徒にとって他の人がどのように考えたのかを見抜くことは，自身が純粋に解くこと以上に難しいことです。下の図の●の位置に注目させます。A君は1つの頂点から，B君は多角形の内部から，C君は1つの辺上から対角線を引いて五角形を三角形に分割しています。A君のパターンから，四角形，六角形…の場合と，順に三角形の数を調べることで n 角形の場合を類推させ，n 角形の内角の和の公式 $180° \times (n-2)$ を導き出します。同様にして，B君のパターンから $180° \times n - 360°$，C君のパターンから，$180° \times (n-1) - 180°$ の式が導き出します。これらの3つの式を整理するとどれも同じになることも確認します。

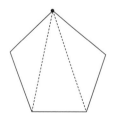 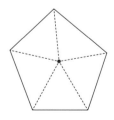 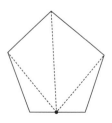

図形の調べ方／平行と合同

58
多角形の外角の和を確かめよう

説明ネタ

> 多角形の外角の和が常に360°であることは，難しく感じる生徒が多い内容です。式での説明だけではなく具体物を操作することで見える化して理解を深めさせる説明ネタです。

　最初に，ボールペンを右の写真のように反転させ，生徒に何度回転したのか問い，180°回転であることを確認します。同様に，1回転させたときは360°回転であることも確認します。

　続いて，下の図のように多角形をかき，辺に沿ってボールペンを動かすことでボールペンが1回転していることがわかります。生徒自身に自由に多角形をかかせて調べさせると，何角形でもボールペンが1回転するということを予想できるようになります。ここで，「1回転したということは何度回転？」と聞き，360°回転であることを押さえます。ボールペンではなく，車の模型などを使うと，もっとイメージがわくかもしれませんね。

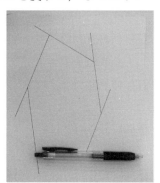

図形の調べ方

図形の調べ方／平行と合同

59
なぜ一瞬で角度を求められる？

探究ネタ

　角の大きさを求める便利な公式がいくつもあります。自分で公式を導く楽しさを味わわせるネタです。導いた公式から，問題づくりに必要な設定も考えさせることができます。

　右の図形を提示し，「私は角の大きさを求める達人です」と言います。生徒に∠aの大きさを自由に決めさせます。

　生徒「aが50°のときは？」
　教師「xは115°になります」
　生徒「aが40°だったら？」
　教師「xは110°です」
　生徒は感嘆の声を上げ，なぜ一瞬で角の大き

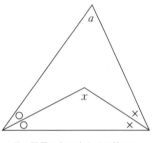
同じ記号の角の大きさは等しい

さを求められるのか興味をもちます。そこで，次のように問いかけます。
　「私が一瞬で角の大きさを求められる謎を解いてごらん」
　三角形の内角の和から∠xの大きさをaを使って表すことがポイントです。○や×の角の大きさが決まらないことに難しさを感じる生徒も少なくありません。○と×の和をaを使って表すことができれば，∠xの大きさもaを使って表せることに気づかせましょう。∠xの大きさが∠aの半分に90°をたせば求められることに驚きが生まれます。これは，∠xが鈍角であることも表しています。謎が解けたところで，次のように発問します。
　「∠xについてどんなことが言えそうかな？」
　生徒に様々な発見をさせたいものです。さらに，どうして90°より大きいのか，図形の特徴を踏まえて考えさせることで，問題が成立するための条件にまで考えを膨らませることができます。

074

図形の調べ方／平行と合同

60
星形の図形の内部の角の和を求めよう

難易度★★★

星形多角形の内部の角の和を求めるネタです。補助線をひくことで多角形の組み合わせと考えることができます。既習事項を活用して思考力を高めることができる課題ネタです。

右の図の星形の印をつけた角の和をいろいろな方法で求めましょう。

「いろいろな方法で」求めることで，多様な考え方を導き出させます。

① 5つの三角形と1つの五角形を組み合わせてできた図形と考える。
$180°×5+540°$

② 2つの三角形と3つの四角形を組み合わせてできた図形と考える。
$180°×2+360°×3$

③ 5つの四角形を組み合わせた図形から中心の360°をひくと考える。
$360°×5-360°$

④ 大きな五角形から5つの三角形を取り除いてできた図形と考える。
$540°+360°×5-180°×5$

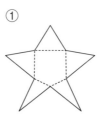

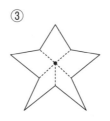
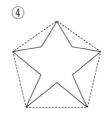

図形の調べ方／平行と合同

61
どうして常に角度が同じ？

`探究ネタ`

> 自分でかいた図形の角の大きさを求める問題です。記号でかかれた角の大きさを具体的に数をあてはめても解けるのでだれでも取り組むことができ，既習事項を活用できる探究ネタです。

生徒全員に，次の手順に従って作図をさせ，∠PRQ の大きさを問います。

1　∠B＝60°の△ABC をかく
2　∠A の二等分線を引き，BC の交点を P とする
3　∠C の二等分線を引き，AB の交点を Q とする
4　∠APC の二等分線をひく
5　∠AQC の二等分線をひく
6　4 と 5 の交点を R とする

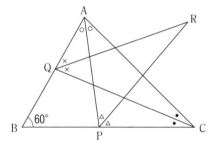

迷う生徒が多い場合は，「∠A＝80°だったら？」のように，1 か所の角の大きさを仮定させます。○，●，△，×の大きさがすべて決まり，求めたい角の大きさが求められることに気づきます。「∠A＝80°としてよかったのかな？」とつぶやく生徒が出るので，各自に角度を設定させて取り組ませ，常に 30°になることを確認させましょう。ここで，次の発問をします。

「○，×，△，●の大きさにかかわらず，常に 30°となるのはなぜ？」

三角形の内角の和や外角の性質を使うことで，∠PRQ＝$45°-\dfrac{\angle B}{4}$ と表すことができ，∠B＝60°であれば，∠PRQ＝30°になることが説明できます。注目させたい図形をヒントとして提示していくとよいでしょう。

図形の調べ方／平行と合同

62
三角形が合同になる条件は？

課題ネタ
難易度★

> 三角形の合同条件を機械的な暗記に頼るのではなく，実際に三角形をつくらせることで，視覚的に合同であるかどうかを確認させ，合同条件の理解につなぐ課題ネタです。

真っ白な用紙を配付し，次の指示を出します。
「1辺が12cmの三角形をつくってください」
用紙にかかれた三角形を丁寧に切り取らせます。4人グループをつくり，切り取った三角形を重ね合わせます。
「全員の三角形がぴったりと重なったグループはありますか？」
と尋ねます。そのようなグループはないはずです。この作業で，三角形の1辺だけが等しいという条件だけでは合同にならないということを実感することができます。

続いて，
「2辺がそれぞれ12cm，10cmの三角形をつくってください」
と指示します。先ほど同様に，4人がつくった三角形がぴったり重なるグループはないでしょう。

続けて，
「3辺がそれぞれ12cm，10cm，7cmの三角形をつくってください」
と指示します。4人がつくった三角形がぴったり重なることを体験することができます。ここで，「3組の辺がそれぞれ等しいとき，2つの三角形は合同である」と，三角形の合同条件の1つ目を押さえます。

ここまで行うと，生徒から「角が等しい場合はどうなのだろう」と意見が出てくるはずです。生徒のつぶやきを拾いながら，残りの三角形の合同条件もなるほどと実感させましょう。

図形の調べ方／平行と合同

63
合同条件でない条件では合同にならない？

課題ネタ
難易度★★

> 三角形の合同条件を扱う際に，三角形の3つの要素がそれぞれ等しくても，必ずしも合同にはならないことに触れておくことで，合同条件の理解を深めさせる課題ネタです。

まず，以下のように発問します。

「三角形の合同条件を学習しました。次の条件の場合，2つの三角形は合同であるとは言えないでしょうか？

①3組の角がそれぞれ等しい

②2組の辺とそれに挟まれない角がそれぞれ等しい

③1組の辺と2組の角がそれぞれ等しいがそれが等しい辺の両端にはない」

ここで，成り立たないことを明らかにする場合は，反例を示せばよいことを教えます。「このような場合がある」と図で示せばよいことを知らせた後，しばらくは個人でじっくり考えさせます。

①については，だれもが反例を示すことができます。大小の三角形をかいて明らかにします。

②については，下のような図が反例としてあげられます。

　　　②の反例　　　　　　　　③の反例

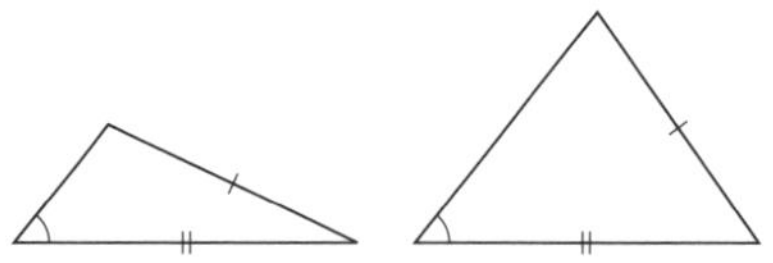

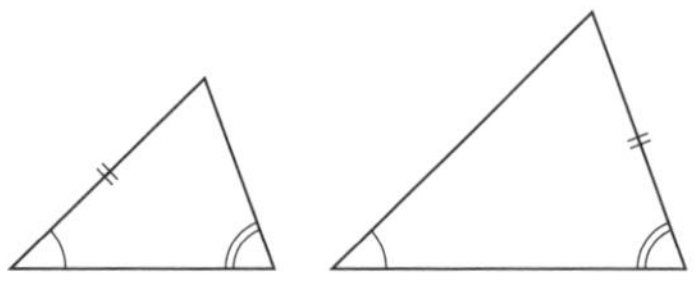

③についても，角の位置によって合同な三角形となりません。

この活動によって，三角形の合同条件がより印象に残るでしょう。

64
△ABC ≡ △PQR を示すには？

難易度★

> 三角形の合同条件を学んだ後に，与えられた条件以外にどこが等しいと言えれば2つの三角形が合同であると言えるかを考えさせることで，合同条件をより使えるようにするための課題ネタです。

△ABC ≡ △PQR を示します。合同条件に合うように，次の□にあてはまる辺や角を答えなさい。

BC = QR，□ = □，□ = □

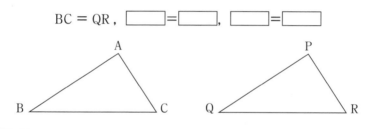

　生徒が「AB = PQ，AC = PR」のようにつぶやいたら，合同条件も言わせましょう。「AB = PQ，∠B = ∠Q なら『2組の辺とその間の角がそれぞれ等しい』にあてはまる」「AC = PR，∠C = ∠R でも合同条件にあてはまる」と生徒の気づきを大切に，合同になる条件を確認していきます。

　∠B = ∠Q，∠C = ∠R であれば，「1組の辺とその両端の角がそれぞれ等しい」にあてはまると気づきやすいですが，残りの組み合わせには気づかない生徒がいます。「三角形で2組の角がそれぞれ等しければ残った角も等しいので，∠A = ∠P，∠B = ∠Q でも合同条件にあてはまる」「∠A = ∠P，∠C = ∠R でも大丈夫」と考える生徒に発言させ，全体で共有しましょう。図形の特徴に着目できることが活用力を高めることにつながります。

65
定理集を
つくろう

　この単元では「対頂角は等しい」などの今後の学習で利用する定理をたくさん学びます。定理集をつくることで，必要なときにすぐに見返すことができるため，証明をする際に重宝します。

　本単元では，平行線と角の性質，多角形の角の性質，三角形の合同条件，数学的な推論の進め方など，盛りだくさんの内容を扱います。証明をするうえで，これらの学習から発見した性質や定理を使いやすいように，下のような「定理集」としてまとめます。

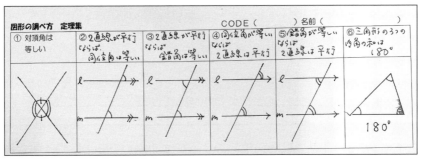

授業で性質や定理を見つけるたびに

「1つ図形に関する性質を見つけたね。今後は説明をすることなくこの事柄が使えるから，思考や説明を節約できるね。証明で使える武器がまた1つ増えたということだよ。すぐに見返すことができるように，定理集に1つずつ書いていこうね」

と価値づけておくとよいでしょう。

　ここでは，定理集と名づけていますが，クラスで見つけた性質や法則に名前をつけて記録しておくのもおもしろいです。

図形の調べ方／証明

66
仮定は青信号，結論は赤信号

　三角形の合同条件を用いた証明問題で，結論を証明の途中で使ってしまう生徒は少なくありません。色ペンを効果的に使い分けて用いることで，結論を証明の途中で使わせないようにする説明ネタです。

　△ABC で，∠B ＝ ∠C ならば AB ＝ AC であることを証明しよう。

「仮定は何ですか？」

「∠B ＝ ∠C です」

「では，青ペンを持って∠B と∠C に同じ印をかき入れましょう。問題で与えられていることは青でかきます。青信号なのでいつ使ってもいいです」

　さらに，以下のように続けます。

「結論は何ですか？　AB ＝ AC ですね。では，赤ペンを持って，AB と AC を同じ赤色で塗りましょう」

　その後，頂角の二等分線を引き，2 つの三角形の合同を証明するわけですが，合同条件に AB ＝ AC（結論）を使ってしまう生徒がいるでしょう。

「1 組の辺とその両端の角が，それぞれ等しい」を理由として証明ができたと考えているのです。

　そこで，この色分けを有効に活用して，以下のように説明します。

「AB ＝ AC は図では何色になっていますか？　赤ですね。赤は結論。赤信号は途中で渡らないようにね」

「仮定＝青信号＝進む，結論＝赤信号＝とまれ」は，自分の考えを振り返るときの留意点としても役立ちます。

図形の調べ方／証明

67

根拠カードを使って証明しよう

教具ネタ

> 証明することを大変難しく感じる生徒がいます。根拠として何が使えるかの理解が不十分なことが背景として考えられます。根拠をカードにまとめて使わせることで，証明の流れをつかませる教具ネタです。

学んだ性質を「根拠カード」にまとめておきます。

【対頂角の性質】
対頂角は等しい

【平行線の性質】
2直線が平行ならば，同位角や錯角は等しい

【平行線の性質】
同位角か錯角が等しいならば，2直線は平行

【三角形の合同条件】
3組の辺がそれぞれ等しい
2組の辺とその間の角がそれぞれ等しい
1組の辺とその両端の角がそれぞれ等しい

【合同な図形の性質】
合同な図形であれば，対応する辺や角はそれぞれ等しい

　証明問題を提示し，証明のすじ道をまとめさせるときに，この「根拠カード」を使います。タブレット端末を使って行えば，タップ操作で根拠カードを配置でき，書くことに抵抗がある生徒でも，自身の考えを整理しやすくなります。パズル感覚ですじ道をまとめることができ，証明に対する抵抗感を和らげることができるでしょう。

図形の調べ方／証明

68
三段論法を使って証明しよう

説明ネタ

> 証明に，苦手意識をもつ生徒は少なくありません。日ごろから，相手を説得するための論理をあまり意識していないからです。論理学の最も基本的な事柄のうちの１つである三段論法を使った説明ネタです。

最も有名な三段論法の例文の１つをあげます。
①すべての人間は死ぬ　　　（①ＡはＢだ）
②ソクラテスは人間だ　　　（②ＣはＡだ）
③ゆえにソクラテスは死ぬ　（③ＣはＢだ）

　この方法を使えば，偉大なソクラテスも死ぬことを，だれもが納得するように説明できるでしょう。理解を深めるために，三段論法の論理的な構造を考えます。「人間」をＡ，「死ぬ」をＢ，「ソクラテス」をＣとします。①では「ＡはＢだ」，②では「ＣはＡだ」と主張しており，このことから③「ＣはＢだ」を導いていることがわかります。だれしもを納得させるには，こういった論理的に正しい説明が必要であるということを伝えます。

　この三段論法を使って，違うことを主張させるとさらに理解が深まります。「①合同な図形では対応する辺の長さが等しい」「②図形ＸとＹは合同である」「③ゆえに図形ＸとＹの対応する辺の長さが等しい」というのも一種の三段論法です。三段論法のしくみそのものが大切というよりは，三段論法を使って，論理的に説明することのよさを感じて，証明の単元への意識を高めることを大切にします。例えば次のように語ります。

　「この三段論法のような論理的に正しい方法で，仮定から正しいと認められた事柄を根拠に，丁寧に述べて，結論を導くということを証明と言います。証明を使えば，確かに正しいことをだれに対しても伝えられます。楽しみですね」

図形の性質と証明／三角形

69
次はどんな三角形について考える？

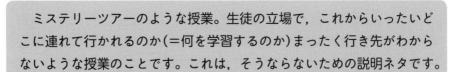

　理想を言えば，数学は系統的な学問ですから，教科書の次のページを見なくても，次の内容が予想できなくてはいけません。しかし現実には，教師が「教科書の次のページの内容は…なので，今度は…について学習します」と授業を進めることが少なくありません。しかしやはり，授業の進行に伴って次の展開を予想できるような生徒を育てたいものです。
　そのために，例えば，二等辺三角形の性質を扱う際，
「次はどのような三角形の性質を考えましょうか？」
と投げかけてみます。生徒は「正三角形」「直角三角形」「普通の三角形」などと発言するでしょう。生徒の発言を受容しながら，
「その通りだね。では正三角形について考えよう。その次に直角三角形だ。教科書を見てごらん。その通りになっているでしょ。ところが，教科書には『普通の三角形』という言葉はないね。『三角形』という表現は，あらゆる三角形を想定して表現していると考えてほしい。『三角形の内角の和は180°である』という性質がありますが，ここにも『どのような形の三角形でも』という意味が含まれているのです。ですから，『普通の三角形』についてはすでに性質を調べ終わっているということです。『普通の三角形』と言ってくれたことで，大切なことを知ることができましたね」
　このような説明をしておくと，これからどこに向かうのかは運転手（＝教師）のみぞ知る，というミステリーツアーのような授業を避けることができます。

図形の性質と証明／三角形

70
性質と条件の違いを区別しよう

説明ネタ

> 三角形や四角形の証明の指導において、性質と条件の違いをしっかりと区別できるようにすることは大きな関門です。生徒が混乱しないように、両者の違いをていねいに押さえていく説明ネタです。

二等辺三角形を例にします。

まず、二等辺三角形の定義である「2つの辺が等しい三角形を二等辺三角形という」を押さえることは必須です。

そのうえで、二等辺三角形について気づいたことを発表させます。例えば、「二等辺三角形の2つの底角は等しい」といった考えが出されるでしょう。

このときが肝心です。「二等辺三角形ならば、2つの底角は等しい」、つまり「○○ならば、□□である」という形に言い換えさせることで、仮定（二等辺三角形）と結論（2つの底角は等しい）を明確にするのです。

以上を踏まえて、次のように説明します。

「このように、二等辺三角形が仮定とされている場合、結論は二等辺三角形の『性質』なのです」

次に、この逆「2つの角が等しい三角形（仮定）は、二等辺三角形である（結論）」を提示し、以下のように説明します。

「二等辺三角形が結論となっているので、この場合の仮定は『条件』です」

最後に、ここまでの流れを振り返り、両者をしっかりと区別させるために、改めて以下のようにまとめておくことが大事です。

- ●二等辺三角形ならば、□□である→□□は「性質」
- ●○○ならば、二等辺三角形である→○○は「条件」

図形の性質と証明／三角形

71
折ってできる図形の秘密を探ろう①

課題ネタ
難易度★★

> 「証明したい」という気持ちを引き出す課題ネタです。自分自身で折った図形が常に同じ特徴をもっている不思議さが，「なぜだろう」という気持ちを高めさせるでしょう。

方眼用紙を配付し，各自に自由に長方形を切り取らせます。その長方形の対角にある頂点を重ねるように折らせて次のように指示します。

「みんなが折った図形を見比べて，何か気がつくことがあったら教えてください」

ペアやグループで互いの図形を見合い，特徴を探らせましょう。互いの図形を比較しながら，最初の長方形の形が違っていても，「折って重なった部分は二等辺三角形」「重なっていない２つの三角形は合同」ということを生徒自身に発見させましょう。新たな長方形で何度も試す生徒がいたら，その姿勢を称賛しましょう。そのうえで，次の発問をします。

「重なった部分は本当に二等辺三角形なのでしょうか？」
「重なっていない２つの三角形は本当に合同なのでしょうか？」

自分自身が方眼用紙を折ったことで生まれた問題なので，解決したいという気持ちで取り組む姿が見られることでしょう。自分自身で疑問に感じたことを解明していこうとする姿勢を称賛しましょう。

図形の性質と証明／三角形

72
折ってできる図形の秘密を探ろう②

課題ネタ
難易度★★

> 長方形を折ってできる図形について考察する課題ネタです。折り方を変えたのにもかかわらず，前項と共通する特徴があることに，驚きが生まれることでしょう。

方眼用紙を配付し，各自に自由に長方形を切り取らせます。その長方形の対角線を折り目として折らせて次のように発問します。

「みんなが折った図形を見比べて，何か気がつくことがあったら教えてください」

前項と同様，「折って重なった部分の三角形は二等辺三角形に見える」「重なっていない2つの三角形は合同かもしれない」とつぶやく生徒がいるはずです。証明をしようとする生徒も出てきます。

「重なった部分は本当に二等辺三角形なのでしょうか？」
「重なっていない2つの三角形は本当に合同なのでしょうか？」

と問い，検証することを確認して取り組ませます。証明の仕方も前項に共通点があります。グループで議論させながら取り組ませることで，根拠を明確にさせていきましょう。

一つの問題から少しずつ拡張させた問題に取り組ませることで，新たな問題を見つけていく姿勢の大切さやおもしろさを価値づけ，数学を楽しむ気持ちも高めていきましょう。

図形の性質と証明／三角形

73
逆は正しい？

説明ネタ

生徒にとって，「逆」や「あることが正しくてもその逆は正しいとは限らない」ことを理解するのは難しいことです。氏名を使って「逆」の理解を高める説明ネタです。

Aグループのメンバー
・さとう　たろう　　・かとう　たろう　　・かとう　はなこ
・いとう　たろう　　・むとう　やまと　　・やまと　あきら

「Aグループのメンバーを例に考えていきます。『名字がさとうならば，名前はたろうである』は正しいかな？」
と問えば，生徒は「正しい」とすぐに答えます。続けて発問します。
「それでは，この逆はどうでしょうか？」
逆は「名前がたろうならば，名字はさとうである」です。「たろうは3人いるから，名字がさとうとは限らない」といった生徒のつぶやきを生かし，
「ということは…？」
と聞き返します。こうして，元の事柄が正しくてもその逆が正しいとは限らないことを理解させます。逆の理解ができた段階で，次のように問います。
「他にも，元の事柄は正しいのにその逆は正しくないものってある？」
「元の事柄が正しくて，その逆も正しい事柄はあるかな？」
「元の事柄は正しくないが，その逆は正しくなる事柄はあるかな？」
生徒は，「『名字がむとうならば，名前はやまとである』は正しくて，逆の『名前がやまとならば，名字はむとうである』は…」と，それぞれの事柄の仮定と結論をしっかり確認しながら，あてはまる事柄を見つけようとします。

図形の性質と証明／三角形

74
数学の世界での正しいとは？

説明ネタ

> ある事柄が正しいか正しくないかの判断を迷う生徒が見られます。数学的に正しいとはどういうことかを，具体的な例によって理解させる説明ネタです。

例えば，次の事柄を黒板に提示します。

> 整数 m，n で，m も n も偶数ならば，$m+n$ も偶数である

まず，この事柄が正しいかどうかを生徒に問います。$2+4=6$ のように具体的な数で確かめる生徒もいるでしょうし，$2a+2b=2(a+b)$ の考え方から正しいことを語る生徒もいるでしょう。

次に，この事柄の逆が「整数 m，n で，$m+n$ が偶数ならば，m も n も偶数である」だと確認したうえで，

「**逆は正しいでしょうか？**」

と聞きます。先ほどの例を使って，「和が6になる2つの数の組み合わせに2と4があるから正しい」「和が6になる組み合わせは他にもたくさんあって，奇数の1と5でもいける」などと，生徒がつぶやくことでしょう。

正しい場合と正しくない場合がある事柄はたくさんあります。この事柄が結局正しいか正しくないかの判断に迷う生徒がいます。ここで，

「**1つでも正しくない場合がある事柄は，数学的には正しくない**」

としっかり押さえましょう。正しくないことを証明するには，成り立たない具体的な例を1つあげればよいことも伝えます。

また，この正しくない具体的な例のことを「反例」ということも，あわせて押さえておきましょう。

089

図形の性質と証明／三角形

75
どうしていつも60°になるの？

課題ネタ
難易度★★

　点の取り方を変えても角の大きさが変わらないというのは，生徒にとって不思議に感じるものです。何故だろうという感情は，解明したいという気持ちを高めます。

　正三角形 ABC がかかれた用紙を配付し，次の発問をします。

「正三角形 ABC の辺 BC，CA 上に，BD＝CE となる点 D，E を取るとき，∠AFE の大きさは何度になるでしょう？」

　「BD は何cmですか？」と生徒から聞かれたら，問題の条件にある BD＝CE を満たせば，長さは何cmでもよいと伝えます。また，何人かは分度器で実際に測ろうとするでしょう。そのときは，「測っていいよ」と伝えると，多くの生徒が実際に測って大きさを調べようとします。すると，点 D の場所にかか

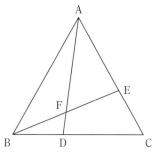

わらず，常に∠AFE が60°であることに気づき，「どうしていつも60°になるのだろう」とつぶやく生徒が出てきます。そこで，次のように問います。

「どうして∠AFE＝60°になるのでしょう？」

　証明を文章で書かせるよりも，まずは口頭で説明させるようにしましょう。証明に対する抵抗感を減らせるはずです。考えが進まない状況であれば，

「この図の中に，合同な三角形はあるかな？」

「角度がわかる場所はある？」

などとヒントを出し，△ABD≡△BCE であることや正三角形の一つの内角が60°であることに注目させられるとよいでしょう。

図形の性質と証明／三角形

76
直角三角形の斜辺以外はなんていうの？

　直角三角形の「斜辺」に対して，他の辺をどう呼ぶのか生徒に聞かれたことはありませんか？　斜辺について教えたときに，「他の辺はどう呼ぶの？」と聞く探究心旺盛な生徒を育てたいものです。

直角三角形の指導で「斜辺」についてどのように指導しているでしょうか。

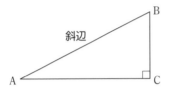
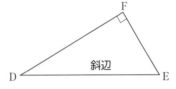

　左の図で辺 AB が斜辺であることはほとんどの生徒が認識できます。しかし，右の図で辺 DE が斜辺であることを認識できる生徒は意外に多くありません。しっかりと押さえておきます。

　さて，そのようなときに，「辺 BC，辺 CA，辺 EF，辺 FD については，どのように呼んだらいいですか？」という質問が出てきてほしいものです。

「それらの辺は『隣辺』といいます。次のように定義されています。
『直角三角形において，直角に隣接する2つの辺を隣辺という。直角三角形の斜辺以外の辺である』」

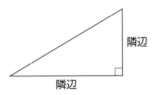

　教科書には，隣辺という用語は出てこないため必須ではありませんが，このように機会を捉えて生徒に＋αの知識を与える姿勢を忘れないようにしたいものです。

図形の性質と証明／三角形

77
合同になる理由を選ぼう

課題ネタ
難易度★

> 苦手な生徒にとって，仮定と結論を区別したり，根拠が何かを考えたりすることは難しいものです。選択肢を与えることで，問題を正しく理解し，証明の根拠の理解を高める課題ネタです。

鋭角である∠XOY内の点Pから辺OX，OYにひいた垂線PQ，PRの長さが等しいとき，△POQ≡△PORとなる。その理由は？

苦手な生徒は，「鋭角」「∠XOY内の点」「垂線をひく」「Q，Rの位置」など，基本的なイメージをもつことができません。グループでの活動を通して疑問点を丁寧に解決させ，問題を理解させることが基礎基本の定着につながります。ある程度，グループでの話し合いの様子を見守り，次の指示をします。

理由を次のア〜エから選びなさい。
ア　PQ＝PR　∠OPQ＝∠OPR　∠PQO＝∠PRO＝90°
イ　PQ＝PR　OQ＝OR　∠PQO＝∠PRO＝90°
ウ　PQ＝PR　∠PQO＝∠PRO＝90°　OPは共通
エ　PQ＝PR　OPは共通　OQ＝OR

苦手な生徒には，選択肢は考えるヒントになります。また，三角形が合同になる根拠であるのか，三角形が合同と言えるから生まれる性質なのか迷うことも考えられます。迷いながらもよく考えさせることが，仮定と結論を区別したり，根拠をはっきりさせたりすることにつながります。

図形の性質と証明／三角形

78

三角形の垂直二等分線が1点で交わるのはなぜ？

課題ネタ
難易度★★

> 証明の必要性を感じていない生徒は少なからずいます。作図を通して感じた不思議さを解決したいという気持ちから，証明することの必要性を実感させる課題ネタです。

ノートに自由に三角形 ABC をかかせ，2辺 AB，BC の垂直二等分線を作図させます。続いて，次の発問をします。

「辺 CA の垂直二等分線を作図したらどうなると思う？」

実際に作図することで，1点で交わる事実を目の当たりにし，なぜ1点で交わるのか不思議に感じ始めます。そこで，次のように伝えます。

「なぜ三角形の3辺の垂直二等分線が1点で交わるのか証明しましょう」

OA，OB，OC を線分で結ぶと，「ℓ は線分 AB の垂直二等分線だから OA = OB」という垂直二等分線の性質に気づく生徒がいるはずです。「それなら，m は線分 BC の垂直二等分線だから OB = OC」「OA = OC にも言えることになる」と生徒のつぶやきを全体で共有しましょう。線分 CA の垂直二等分線は2点 C，A から等しい距離にある点の集合であるので，点 O を通ることが示せたことになります。また，OA = OB = OC から，点 O を中心とした3点 A，B，C を通る円がかけることに気づく生徒も出てくることでしょう。ここで，外接円，外心といった用語を押さえてもよいでしょう。

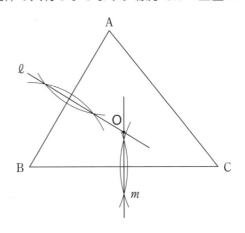

図形の性質と証明／三角形

79

三角形の角の二等分線が1点で交わるのはなぜ？

課題ネタ
難易度★★

> 1年生で学んだ基本の作図を通して生徒の不思議に思う気持ちを引き出し，さらにそれを解決したいという気持ちから，証明することの必要性を実感させる課題ネタです。

ノートに自由に三角形 ABC をかかせ，2つの角 A，B の二等分線を作図させます。ここで次の発問をします。

「∠C の二等分線を作図したらどうなると思う？」

実際に作図することで，1点で交わる事実を目の当たりにし，その理由を証明しようと考え始めます。

「なぜ三角形の3つの角の二等分線が1点で交わるのか証明しましょう」

生徒の様子を見ながら，

「角の二等分線には，角を二等分する以外にどんな性質があったかな？」

と投げかけましょう。1年生の教科書の該当ページを提示するのもよいでしょう。角の二等分線の性質を思い出すことで，OP＝OR と気づく生徒が出るはずです。「∠B も二等分しているから OP＝OQ だ」「2つあわせると，OQ＝OR も言えるね」「OQ＝OR ということは∠C の二等分線は点 O を通ると言えるね」とつながっていくことでしょう。

OP＝OQ＝OR より点 O を中心として△ABC に内接する円がかけることや，内接円，内心という用語を紹介してもよいでしょう。

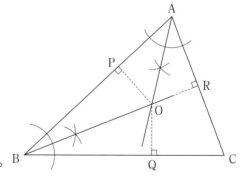

図形の性質と証明／三角形

80
ぴったり塗れる図形はどれ？

課題ネタ
難易度★★★

> 等積変形の活用題です。試行錯誤しながら考えることで，等積変形の復習ができる課題ネタです。説明させることで，理解力や表現力も高められます。

正十角形の全面にペンキを塗ろうとすると，ペンキは10L必要です。4Lのペンキでぴったり塗れるのは次のどれでしょう。

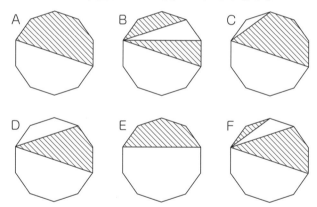

Aは正十角形の半分であり5L分必要なので，この図形から1L分少ないペンキで塗るとどの図形になるかを考えます。Fは白い三角形を下の図の左のように等積変形できます。右の図を照らし合わせれば，正十角形がFの三角形10個分であることがわかります。つまり，Fの三角形1つを塗るのに1Lのペンキが必要であることがわかり，4Lぴったりで塗れるのはFであると言えます。

095

図形の性質と証明／四角形

81
定義・定理を
しっかり定着させよう

課題ネタ

難易度★

> 定義・定理は，暗記していつでもスラスラ言えるようになることが大切です。しかし，単純に暗唱しているだけではなかなか記憶できません。そこで，授業の中で効率よく定着させていく方法を紹介します。

例えば，次の定義を黒板に書きます。

> 平行四辺形は，2組の向かい合う辺が，それぞれ平行な四角形である。

定義なのでスラスラ言葉で出てくるようにしてほしいという願いを伝えた後で，

「では，これを二度読んでみましょう」

と指示します。その後，一部分を消します。例えば，

> 平行四辺形は，2組の　　　　　辺が，それぞれ平行な四角形である。

このように「向かい合う」という言葉を消して，再度，全員に消した部分を埋めて読むように指示します。正しい言葉を確認したら，さらに別の部分の言葉を消して読ませます。これを繰り返すのです。

> 平行四辺形は，2組の　　　　　辺が，それぞれ　　　　四角形である。

> 平行四辺形は，　　　　　　　　が，　　　　　　　　　　である。

このようなステップを経てスラスラと唱えることができるようになれば，しっかりと定着したといってよいでしょう。

なお，毎回全員で一斉に唱えるのではなく，時折指名をした生徒に発表させるようにすると，活動に緊張感を保つことができます。

図形の性質と証明／四角形

82
条件を変えて
平行四辺形を作図しよう

課題ネタ
難易度★★

　平行四辺形のかき方はいくつかありますが，教師が作図の条件を与えることで，生徒は平行四辺形の性質を考えるようになります。どの性質を使ってかいているのかを生徒に聞いてみましょう。

次の問題を提示します。

　右の図をもとに，平行四辺形をつくります。ただし，1組の三角定規を使って点Dを決めてかくようにしましょう。

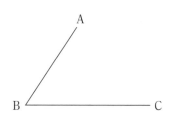

　「1組の三角定規を使う」という条件から，生徒は「平行線」を想像することでしょう。図がかけたところで，次のように尋ねます。
「どのように点Dの場所を決めましたか？」
　それに対する答えが平行四辺形の性質のどれを使っているかにつながるので，全体で確認しましょう。
　続いて，条件を変えて指示します。
「次は，①コンパスを使って，②分度器を使ってかきましょう。どんな平行四辺形の性質を使うことになりますか？」
　生徒はただ作図するのではなく，平行四辺形の性質を意識して作図することになります。分度器を使った作図の場合，分度器をどう置いたらよいかわからない生徒が出てきます。∠A＋∠Bの大きさに着目させ，∠Aの大きさが何度になるかを明らかにすると，作図のイメージがもてるでしょう。

097

図形の性質と証明／四角形

83
平行四辺形になる条件を満たしている？

課題ネタ
難易度★★

> 「平行四辺形になるための条件」をそのまま暗記しようとする生徒がいますが，イメージをもつことが大切です。与えられた条件で，その四角形が平行四辺形と言えるかどうかを判断する課題ネタです。

> 次のような四角形 ABCD は，平行四辺形であると言えますか。
> ① ∠A＝70°　∠B＝110°　∠C＝70°　∠D＝110°
> ② AB＝5cm　BC＝8cm　CD＝8cm　DA＝5cm
> ③ ∠A＝80°　∠B＝100°　AD＝4cm　BC＝4cm

　この問題は，「平行四辺形になるための条件」を暗記しているだけでは，解くことが難しいです。四角形の辺や角に着目し，どんな四角形になるかのイメージをもてるかがポイントとなります。生徒にどのような四角形になるか，正確でなくてもよいので図をかかせてみましょう。

　図がかけたところで，ペアでその図を見比べます。およそ同じ形の図になるはずですが「平行四辺形」という言葉にとらわれている生徒は，辺の位置を間違えた図になりがちです。ペアで図を見合うことで，与えられた辺や角の条件を満たしているかを確認します。

　最後に，それぞれの四角形が平行四辺形になるための条件を満たしているかを確認します。①は「2組の向かい合う角が，それぞれ等しい」，③は「1組の向かい合う辺が，平行で等しい」を満たすので，平行四辺形であると言えます。一方，②は向かい合う辺の長さが等しくないので，平行四辺形とは言えません。他にどんな条件があったかを尋ね，「それを満たす①や③のような例を考えてみよう」と投げかけるのもよいでしょう。

図形の性質と証明／四角形

84
平行四辺形の頂点を自由に動かそう

教具ネタ

> 「百聞は一見に如かず」と言われるように，言葉による説明を聞くより，図形を動かして特徴を探る方が理解しやすいものです。ソフトウェアを利用して，図形の性質に迫る教具ネタです。

　図形や関数グラフを扱う動的な数学ソフトウェアである GeoGebra を活用します。

　下の平行四辺形 ABCD は，頂点 C 以外を自由に動かすことができます。平行四辺形の定義に従い，２組の向かい合う辺がそれぞれ平行を保って動くようになっています。

　生徒は頂点を自由に動かすことによって，平行四辺形の性質を見つけることができます。頂点を動かしていると，長方形やひし形，正方形になる瞬間があります。辺の長さや角の大きさに注目させ，どんなときにその瞬間が生まれたかを意識させることで，平行四辺形の理解を深めることができます。

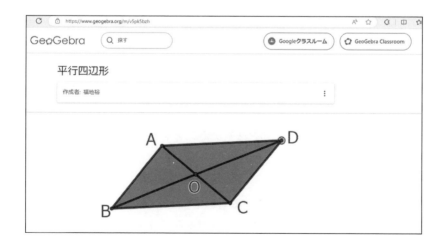

図形の性質と証明／四角形

85
フライングカーペットが
いつも地面と平行なのはなぜ？

探究ネタ

> 日常生活の中には，数学がたくさん利用されています。しかし，なかなか気づくことはありません。生徒にとって身近な遊園地を題材に，図形の性質を巧みに利用しているものに着目させる探究ネタです。

　最初に，下のような遊園地のアトラクションのイラストや動画を見せ，次のように発問します。

「どうして，このアトラクションの座席は，常に地面と平行（水平）を保っているのでしょうか？」

　ゴンドラを支えている長さの等しい2本の柱が常に平行になるように動いています。これが平行四辺形になる条件そのものです。何気なく利用しているものの中に図形の性質が利用されていることに気づかせることができます。キッチンの吊り戸棚や折りたたみ式の踏み台などにも，同じ性質が利用されています。

「他にも図形の性質を利用しているものを探してみよう」

と投げかけ，身近なものに目を向ける意識を高めましょう。

場合の数と確率／場合の数と確率

86
「同様に確からしい」とはどういうこと？

> 確率での重要な学習用語に「同様に確からしい」があります。生徒はこの言葉の意味をしっかりとイメージできるでしょうか。反対の意味を考えることで、具体的なイメージがもてるようになる説明ネタです。

教科書では、さいころを使った例が多く紹介されています。「どの目が出ることも同じ程度に期待されるとき、どの目が出ることも同様に確からしい」という説明です。この言葉を、普段の生活で使ったことがある生徒はいないはずです。確率の学習のときにだけ使う言葉であるため、イメージをもちにくい言葉です。

そこで、反対の意味を考えることにします。「同様に確からしくない」、すなわち「どの場合が起こることも同じ程度ではない」場合を考えてみることにします。次の問題を提示します。

次の①～③で「どの場合が起こることも同じ程度ではない」のはどれですか。
① 明日の天気が晴れであることと雨であること
② ペットボトルのふたを投げるとき、ふたが表向きになることと横向きになること
③ 1個のさいころを投げるとき、3の目が出ることと5の目が出ること

---

①や②は起こりやすさに違いがあることを生徒もイメージしやすいでしょう。このように、反対の意味を考えると「同様に確からしい」のイメージをもちやすくなります。③のように、どちらも同じ程度のとき「同様に確からしい」と言えると、生徒が意味を確認できます。

101

場合の数と確率／場合の数と確率

87
もれや重なりがないように数えよう

説明ネタ

> 場合の数や確率の問題では，もれや重なりがないように起こりうる場合を数え上げることが大切です。数え方を共有しながら，より効率のよい方法に集約していく説明ネタです。

次のように多様な数え方ができる例を使って，生徒の考えを引き出します。

「A，B，C，Dの4人から2人の代表を選ぶとき，選び方は全部で何通りありますか？」

組み合わせをひたすら書き出していく生徒，樹形図のようなものを使う生徒，表を使う生徒など，様々な数え方が出てくるでしょう。まずは，どの数え方も価値づけて工夫したことを認めていきます。もれやかさなりのある生徒が必ずいるので，生徒に情報共有の時間を与えます。

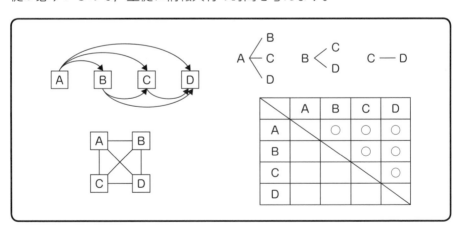

全体で表や樹形図などの数え方があることを確認し，どの数え方も辞書式に並べることで，もれや重なりがないように工夫されていることを伝え，そのよさを実感させます。

場合の数と確率／場合の数と確率

88

2つのさいころを投げたときの確率を求めよう

確率を求める問題では，2つのさいころを同時に投げる問題がよくあります。基本的な考え方を全体で学習した後に，様々なパターンを練習することで，確率の考え方がより身についていきます。

2つのさいころを同時に投げるとき，起こりうる場合を調べるのに表を使うと便利だということを学習してきたことを確認し，さいころの問題を中心に解いていくことを伝えます。下の表を提示します。

A\B	1	2	3	4	5	6
1	(1, 1)	(1, 2)	(1, 3)	(1, 4)	(1, 5)	(1, 6)
2	(2, 1)	(2, 2)	(2, 3)	(2, 4)	(2, 5)	(2, 6)
3	(3, 1)	(3, 2)	(3, 3)	(3, 4)	(3, 5)	(3, 6)
4	(4, 1)	(4, 2)	(4, 3)	(4, 4)	(4, 5)	(4, 6)
5	(5, 1)	(5, 2)	(5, 3)	(5, 4)	(5, 5)	(5, 6)
6	(6, 1)	(6, 2)	(6, 3)	(6, 4)	(6, 5)	(6, 6)

・目の和が4である確率　　　・目の和が10以上である確率
・目の差が3である確率　　　・目の差が3以下である確率
・目の積が6以下である確率　・少なくとも1つは4以上の目が出る確率

など，数字を変えたものを順に解いていきます。中には，すべて数え上げるよりも余事象の考え方を使った方が早い問題を入れておき，復習するとよいでしょう。表に数え上げた印をつけるときに，他の問題のものと混同しないように気をつけることも大切です。

場合の数と確率／場合の数と確率

89
2枚の硬貨を投げたときの確率を求めよう

課題ネタ
難易度★

> 2枚の硬貨を投げたときの表裏の出方を考える際に，2枚の硬貨を区別せずに考えて誤答してしまう生徒がいます。この誤答を生かして，確率の基本的な求め方を考える課題ネタです。

> 2枚の硬貨を同時に投げるとき，1枚は表で1枚は裏である確率をAさんは次のように考えました。この考え方は正しいですか？
> （Aさんの考え）
> 表裏の出方は，2枚とも表，1枚は表で1枚は裏，2枚とも裏の3通りだから，1枚は表で1枚は裏である確率は $\frac{1}{3}$

　Aさんの考え方は，一見正しいように思えますが，2枚の硬貨を区別せずに考えているため，表と裏の出方の数え方を間違えています。生徒も同じように数えてしまうミスをします。正しい数え方を生徒と考えましょう。
　数え方を考える際に，これまで学習してきた樹形図や表を使っている生徒がいれば，価値づけるチャンスです。どのように考えたかを共有し，全体で数え方を確認します。以下のような数え方ができればよいでしょう。

　大切なのは，2枚の硬貨を区別して考えるということです。全部で4通りの出方があることがわかれば，確率を正しく求めていくことができます。

90
○の倍数になる確率を求めよう

難易度 ★★

> 数字の書かれたカードを順に並べてできた数について問う確率の問題はよくあります。文字式の利用で証明してきた倍数判定と組み合わせた課題ネタです。

右の4枚のカードが入っている箱から，カードを続けて3枚取り出す。
1枚目を百の位，2枚目を十の位，3枚目を一の位として3桁の整数をつくるとき，この整数が2の倍数になる確率は？

| 1 | 2 | 3 | 4 |

樹形図などを利用して24通りを正確に書き出させましょう。24種類の3桁の数ができることを全員が納得できることが大切です。2の倍数の判断を実際に2でわって確かめる生徒がいるので，

「2の倍数であることはどうすると判断できる？」

と聞き，生徒の考えを聞き出し共有します。続けて，

「3の倍数になる確率は？」「4の倍数になる確率は？」
「5の倍数になる確率は？」「6の倍数になる確率は？」

と考えさせましょう。生徒自身にどのような数の倍数になる場合について考えるか決めさせてもいいでしょう。

また，カードを，$\boxed{0}$，$\boxed{1}$，$\boxed{2}$，$\boxed{3}$ の4種類にすると，0を百の位にすることができなくなり，全体の場合の数が変わります。さらに，$\boxed{1}$，$\boxed{1}$，$\boxed{2}$，$\boxed{3}$ のように同じ数字のカードがある場合を考えさせることも，生徒の思考力を高めるうえで有効です。

場合の数と確率／場合の数と確率

91
どちらの方が起こりやすい？

課題ネタ

難易度★★

確率の求め方を学習した後に，それを使ってどちらの方が起こりやすいか説明させる課題ネタです。正しく確率を求めること，それを用いて説明することで，生徒の思考力・表現力を高めます。

次の①，②では，それぞれどちらの事柄が起こりやすいですか。確率を使って説明しましょう。
① 2枚の硬貨を投げるとき，2枚とも表が出ることと，1枚は表で1枚は裏が出ること
② 2つのさいころを同時に投げるとき，目の和が3以下であることと，目の積が12であること

まず，生徒は確率を求めることになります。これまでの学習で扱った内容の問題にすると，生徒も考えやすいでしょう。

次に，起こりやすさを比較します。これまでの学習では，1つの事柄に対する確率を求めて終わりでしたが，今回は起こりやすさの比較を行います。

「生徒は簡単に比較できるだろう」と思い込まず，比較の仕方を確認することが大切です。次のように，

「起こりやすい方はどうやって決めればよいですか？」

と問いかけることで，生徒が自分たちで説明するようになります。

「確率が大きい方が起こりやすい」「確率が1に近い方が起こりやすい」など，出てきた意見を板書していきましょう。こうすることで，苦手な生徒も比較の仕方がはっきりとわかり，一緒に問題を解くことができます。

場合の数と確率／場合の数と確率

92
起こらない確率はどうやって求める？

説明ネタ

> ある事柄が起こる確率を使うことで、反対にその事柄が起こらない確率も求めることができます。余事象の考え方について生徒にわかりやすく伝えることができる説明ネタです。

> 2つのさいころを同時に投げます。同じ目が出る確率を求めなさい。

2つのさいころをA，Bで表すと，目の出方は6×6＝36（通り）の場合があります。同じ目が出る場合は1〜6の6通りなので，確率は$\frac{6}{36}=\frac{1}{6}$になります。そこで，次のようにたずねます。

「違った目が出る確率はいくつですか？　数えてみましょう」

「数えてみる」という言葉を聞くと，生徒の多くは違った目が出る場合を書き出したり，表から数えたりします。ここで生徒から「数えなくても求められます」という言葉が出たら，理由を聞いて大いに価値づけましょう。

生徒から考えが出ない場合は

「30通りも数えるのは大変ではなかった？」

と尋ね，数えなくても求められることを伝えます。一般に，事柄Aの起こる確率をpとすると「Aの起こらない確率＝1－p」で求められることを全体で確認しましょう。

右のような簡単な図で表すと，生徒もイメージをもちやすいです。先ほどの問題を数えて求めた生徒は，余事象の考え方の便利さを大いに実感することでしょう。

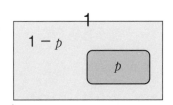

場合の数と確率／場合の数と確率

93
確率が $\frac{1}{4}$ になる例を探そう

課題ネタ
難易度★★

> いろいろな確率の求め方を学習した後に，これまでの学習を振り返るための課題ネタです。確率が $\frac{1}{4}$ になる例をできるだけ多く探し，確率の考え方を定着させます。

授業の最初に次のように投げかけます。
「今日は確率が $\frac{1}{4}$ になる例をできるだけ多く見つけましょう」

確率が $\frac{1}{2}$ と言われれば，すぐにいくつかの例が思い浮かぶ生徒もいますが， $\frac{1}{4}$ となると簡単にはイメージできない生徒もいます。ペアやグループでの話し合いを認め，まずは多くの例を書き出していきます。

次に，話し合いの中でどんな例が出たかを生徒に聞いていきます。「2枚の硬貨を同時に投げるとき，どちらも表が出る確率」「あたりが5本入った20本のくじ引きで1本のくじを引くとき，あたりが出る確率」「ジョーカーを除く52枚のトランプの中から1枚を引くとき，ハートのトランプを引く確率」などがあげられるでしょう。

そして，発表されたものが本当に確率が $\frac{1}{4}$ になるかを確かめていきます。中には次のような誤答があります。

3枚の硬貨を同時に投げるとき，2枚は表で1枚は裏になる確率

誤答が見られたときには，なぜ確率が $\frac{1}{4}$ にならないか，どうしてそう考えてしまったかを全体で話し合うことで，確率の考え方を復習することができます。

上の誤答では，数え間違いが原因と考えられるので，どのように数えると，もれや重なりがないかを確認することができます。

場合の数と確率／場合の数と確率

94
3人のじゃんけんで「あいこ」になる確率は？

課題ネタ
難易度★★

> 生徒にとって身近な確率の問題に「じゃんけん」があります。人数が増えるほど，じゃんけんが「あいこ」になる確率が高くなるのは生徒もイメージしやすいはずです。それを実際に確かめる課題ネタです。

> 2人でじゃんけんを1回して「あいこ」になる確率と，3人でじゃんけんを1回して「あいこ」になる確率はどちらが高いでしょう。

じゃんけんは生徒が必ず一度はやったことがあるので，イメージしやすい問題です。直感で予想させると，3人のときの方が「あいこ」になりやすいと考える生徒の方が多いはずです。

しかし，右のように樹形図に表すと，2人でじゃんけんをした場合は $\frac{3}{9}$ であいこになる確率が $\frac{1}{3}$ とわかります。3人でじゃんけんをしたときは，全員が同じ手を出すのが3通りと，全員が異なる手を出す場合が6通りで $\frac{9}{27}$ となり，あいこになる確率は同じく $\frac{1}{3}$ になります。

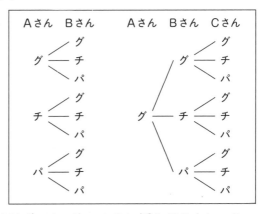

生徒は，予想と違う結果に驚くはずです。次のように揺さぶりましょう。
「何人になってもあいこになる確率は $\frac{1}{3}$ なの？」
数え上げるのは大変ですが，4人，5人…の場合を考えると，人数が増えるほど，あいこになる確率は高くなることを確かめることができます。

場合の数と確率／場合の数と確率

95
同じ誕生日の人が いる確率は？

教具ネタ

> クラスの中に同じ誕生日の人がいることは，あまり珍しいことではありません。自分のクラスにはどのくらいの確率で同じ誕生日の人がいるかを考えます。計算はスプレッドシート等を活用しましょう。

授業の最初に次のように投げかけます。

「小学校や中学校のクラスで，同じ誕生日の人がいたことはありましたか？ クラスに同じ誕生日の人がいる確率はどれくらいだと思いますか？」

一度はクラスに同じ誕生日の人がいたと答える生徒が多いはずです。どれくらいの確率で同じ誕生日の人がいるのかを生徒と求めます。考え方を共有してから，計算はスプレッドシートなどの表計算ソフトを活用しましょう。

A 人数 n人	B 同じにならない 場合の数（イ） 365×364×…	C 全ての 場合の数（ロ） 365のn乗	D 同じにならない 確率（ハ） （イ）÷（ロ）	E 誕生日が 同じになる確率 1−（ハ）
1	365	365	1	0
2	132860	133225	0.997260274	0.002739726027
3	48228180	48627125	0.9917958341	0.008204165885
34	2.68559E+86	1.31207E+87	0.2046831354	0.7953168646
35	8.8893E+88	4.78906E+89	0.1856167611	0.8143832389
36	2.93347E+91	1.74801E+92	0.1678178936	0.8321821064
40	3.37455E+101	3.10252E+102	0.1087681902	0.8912318098

ポイントは，誕生日が同じになる確率よりも「誕生日が同じにならない確率」の方が求めやすいということです。全員の誕生日がばらばらであればいいので，場合の数は365×364×…で求めることができます。自分のクラスの人数で確率を求めると，その確率の高さに驚く生徒が多いでしょう。

【参考文献】
・『板書で見る全単元・全時間の授業のすべて　数学　中学校2年』（東洋館出版社）

場合の数と確率／場合の数と確率

96
モンティホール問題に挑戦しよう

探究ネタ

> アメリカのクイズ番組で話題になったモンティホール問題です。プロの数学者も間違えたこともある，感覚的にひっかかりやすい難問です。しかしそれだけに，生徒は数学的活動にのめりこみます。

次のような問題を紹介します。

> プレーヤーの前に閉まった3つのドアA〜Cがある。1つのドアの奥には車（あたり）があり，2つのドアの奥にはヤギ（はずれ）がいる。プレーヤーが1つのドアを選択した後，司会のモンティが残りのドアのうちヤギのいるドアを開けてヤギを見せる（モンティは番組を盛り上げるために必ずヤギのいるドアを開ける）。ここでプレーヤーはドアを変更してもよい。プレーヤーはドアを変更すべきだろうか。

予想をさせると，多くの生徒は「変更してもしなくても同じ」と考えます。そこで，紙コップなどをドアに見立てて，実験をします。全員に1度ずつ体験させると参加意欲が高まります。助手役をお願いし，記録させるのもよいでしょう。

実験の記録が増えるたびに，変えた方が有利なのではないかと，生徒は揺さぶられます。厳密には条件付き確率の考え方を用いるため，中学校の指導範囲は超えますが，生徒の実態に応じて，時に大人も頭を抱える問題を提示したいものです。単元全体に対する考えが大いに深まります。変えた方が有利であるとわかったときには，生徒は感激するでしょう。

場合の数と確率／場合の数と確率

97

あみだくじは本当に平等？

> 経験上「くじは平等なもの」と生徒は思っていることでしょう。しかし，条件によっては，思いもよらない不平等が起こることがあります。モンティホール問題に続く，生徒の予想を大きく裏切る確率のネタです。

縦3本，横3本のあみだくじについて考えます。右上の図のように①，②，③の3本の縦線をかいて，それぞれの線の下に「はずれ」「はずれ」「あたり」と書きます。そして，

「これから横線を3本かきます。その前に，どれを選ぶと『あたり』を引けるのか予想しましょう」

と呼びかけます。全員が気軽に参加することができます。

次に3本の横線をかきます。公平性を保つため，同僚などを参観者として呼び，横線を加えてもらうとよいでしょう。

「あたった」「はずれた」と盛り上がったところで，次のように問います。

「あみだくじは本当に平等なのでしょうか？」

はじめは平等だと思っている生徒も，横線をかく位置（右下の図のA，B，Cの位置）に注目して考え始めます。横線は左か右にかかれます。樹形図をかいたり，すべてのパターンをかいたりして横線のかき方は$2 \times 2 \times 2 = 8$通りであることを見つけます。この8通りが同様に確からしいとき，①は$\frac{2}{8}$，②と③は$\frac{3}{8}$の確率で「あたり」を引けるとわかります。図をかくと理解が深まります。

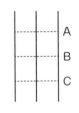

条件を変えることで，探究の幅は飛躍的に広がります。縦の本数，横の本数，あたりの位置など変えたくなる条件が複数あるためです。変えられる条件を全体で確認した後は，さらなる探究をしていきます。

箱ひげ図とデータの活用／箱ひげ図

98
四分位数は何を表している？

> 1年生のときに学習した平均値や中央値に比べて，四分位数は生徒にあまり馴染みがなく，何を表しているかがわかりにくいです。具体的な例を基に，四分位数が何を表しているのかを伝える説明ネタです。

具体的なデータを示すことで，生徒はイメージしやすくなります。ある小学校の男子のソフトボール投げの記録を基に，四分位数について考えます。

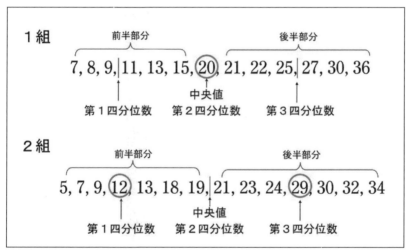

まず，中央値を見つけます。次に
「28m投げた生徒はどれくらいの順位だろう？」
と投げかけ，さらにデータを細かく見ていきます。ここで，前半部分と後半部分の中央値を求め，それが第1四分位数，第3四分位数という名前であることを教えます。データ全体を4つに分けているので「25％のデータがそれぞれ含まれる」ということをイメージさせたいです。すると，28mの記録の生徒は1組だと上位25％に入るということが読み取れます。

113

箱ひげ図とデータの活用／箱ひげ図

99
四分位範囲の よさを知ろう

説明ネタ

> 四分位範囲が何を表しているかわかっても，そのよさがわからなければ数学的な学びとは言えません。四分位範囲のよさを生徒に具体的にイメージさせる説明ネタです。

四分位範囲について，多くの教科書では次のような説明があります。

> 第3四分位数と第1四分位数の差を，四分位範囲という。
> 四分位範囲＝第3四分位数－第1四分位数

この説明を読んで四分位範囲の求め方はわかっても，四分位範囲が何を表すかイメージできる生徒は少ないでしょう。そこで，四分位数が「25％にデータを区切ったもの」ということを生徒と確認します。次のように尋ねます。

「四分位範囲には何％のデータが入っていますか？」

生徒からは「50％」と答えが返ってくるでしょう。これが四分位範囲のよさの1つで「データの中央付近のほぼ50％が含まれる区間の範囲」がわかります。データのばらつきを調べるうえで，四分位範囲の広さが役立ちます。

四分位範囲は「外れ値の影響を受けにくい」というよさもあります。右の図のように，データに外れ値があると，データの範囲は影響を受けますが，四分位範囲は影響をほとんど受けません。

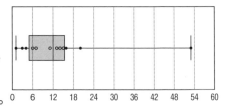

極端に離れた値があるときでも，四分位範囲を使えばデータのばらつきを調べることができるのです。データを活用する際に，どんなよさがあるのかを知っていることは重要です。生徒には具体例を示せるようにしましょう。

箱ひげ図とデータの活用／箱ひげ図

100
箱ひげ図の
よさを知ろう

説明ネタ

> 箱ひげ図のよさを生徒に伝えるには，まず教師がそのよさを実感する必要があります。1年生のときに学習したヒストグラムとの違いを例にして，どのようなときに箱ひげ図を使うと便利かを伝える説明ネタです。

　箱ひげ図とヒストグラムはそれぞれによさがあります。生徒に具体的な例を示して，一緒によさを考えていきましょう。

　右の箱ひげ図は2023年の愛知県の日平均気温を，月別に表したものです。1月から12月の気温の大まかな変化を見ることができます。

　もし，これをヒストグラムで調べようとすると，どうなるでしょう。データの数が多すぎて，比較しづらくなってしまいます。「データ分布の傾向がつかみやすい」というのが，箱ひげ図のよさの1つです。

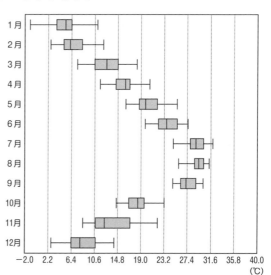

（気象庁「過去の気象データ」を基に作成）

　では，ヒストグラムのよさは何でしょうか。それは「データを詳しく調べられる」ということです。例えば，上の箱ひげ図の2月と12月を見ると，似たような形になっています。箱ひげ図で大まかな分布をつかみ，詳しくはヒストグラムで調べるという活用の仕方がデータ分析の1つのコツになるでしょう。

115

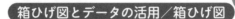

箱ひげ図とデータの活用／箱ひげ図

101
箱ひげ図を
かこう

課題ネタ

難易度★

> データの個数が少ないものを使えば，生徒が自分で箱ひげ図をつくることができます。1年生で学習した最大値や最小値，中央値を使いながら，箱ひげ図のかき方を確認する課題ネタです。

> 次のデータは，ある小学校の男子のソフトボール投げの記録です。
> 　7，27，9，20，36，15，11，25，22，21，8，30，13（m）
> この記録を基に，箱ひげ図をかきましょう。

　まずはデータを並べ替え，1年生で学習した最大値と最小値を見つけます。生徒が自分の力で解けるところは先回りせず，解き終わるのを待ちたいものです。

　次に，中央値を求めます。データの個数が奇数か偶数かで求め方が変わることについての発言も生徒から引き出しましょう。

　最後に，前半部分と後半部分の中央値を求め，四分位範囲を箱で囲み，最大値と最小値までをひげで結べば箱ひげ図がかけます。

　下の図のように，四分位数や最大値・最小値を書き込むと，箱ひげ図がかきやすくなります。

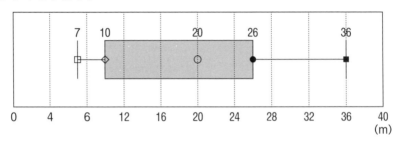

箱ひげ図とデータの活用／箱ひげ図

102
コンピュータで箱ひげ図をつくろう①

教具ネタ

> 箱ひげ図をつくることができるツールは複数あります。結果に対してどのような要因があるのかを分析することができる，データの分析に効果的なツールを紹介します。

宮崎大学の藤井良宜先生が開発し，無償で提供されている箱ひげ図作成ソフトSimpleBoxを使うと，簡単に箱ひげ図をつくることができます。

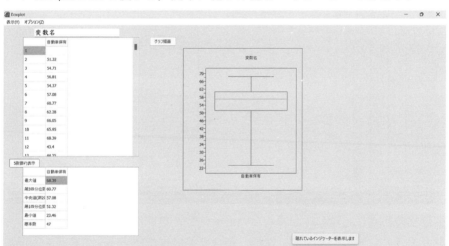

CSVファイルを読み込み「箱ひげ図」を選択すると，2種類の作成方法を選ぶことができます。「それぞれの変数の箱ひげ図を描く」を選んだものが，上の図です。「要因で分類して，結果の箱ひげ図を描く」を選ぶと，結果に対してどんな要因が影響を及ぼしているかを調べることができます。

例えば，要因変数を「地域」，結果変数を「出生率」とすると，地域ごとに出生率が異なっていることが調べられるなど，とても便利なツールです。

箱ひげ図とデータの活用／箱ひげ図

103
コンピュータで
箱ひげ図をつくろう②

教具ネタ

> コンピュータを活用すれば，箱ひげ図をつくることができますが，作成できるツールは限られています。生徒が簡単に箱ひげ図をつくることができるツールを紹介します。

正進社が提供している「スグラパ」というグラフ作成ツールを使えば，生徒でも簡単に箱ひげ図をつくることができます。

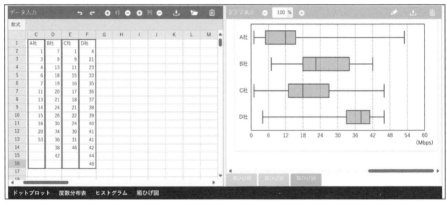

画面の左側に，箱ひげ図にしたいデータを入力します。コピーしたものを貼り付けることもできます。次に，箱ひげ図にしたいデータの範囲を選択すれば，画面の右側に箱ひげ図が作成されます。他にも，度数分布表やヒストグラム，ドットプロットにも対応しているところが便利です。

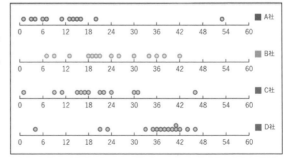

箱ひげ図とデータの活用／箱ひげ図

104
箱ひげ図から元のデータを推測しよう

課題ネタ

難易度★★

> 箱ひげ図は，複数のデータを比較しやすいよさがある反面，読み取れない情報もあります。箱ひげ図から元のデータに迫ることで，基本的な四分位数の確認やデータの活用の仕方について考えさせる課題ネタです。

　AさんとBさんがそれぞれ10回ずつ二重跳びに挑戦しました。そのデータを箱ひげ図に表したところ，下の図のようにまったく同じ箱ひげ図になりました。箱ひげ図が同じということは，2人が跳んだ回数も同じということでしょうか。

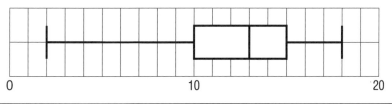

　箱ひげ図の理解が不十分な生徒は，反射的に「同じです」と答えがちです。4人グループにして互いにつぶやきが聞こえるように取り組ませると，「同じです」と考える生徒に対して，「例えば，10回のデータが『2，9，10，11，12，14，14，15，15，18』であっても，『2，5，10，11，13，13，14，15，18，18』であってもどちらもこの箱ひげ図になるよ」のように具体例をあげながら語り出します。この箱ひげ図になる具体的な10個のデータの例をいくつも出し合うことで，2人の最小値と最大値が一致していることや四分位数の再確認ができます。「どの選手を選ぶ？①」と合わせて取り組むことで，箱ひげ図を利用するよさと箱ひげ図だけではデータが不十分な場合もあることを実感させられます。

箱ひげ図とデータの活用／箱ひげ図

105
データを集めて
箱ひげ図をつくろう

課題ネタ
難易度★★

> 「箱ひげ図」の学習では，四分位範囲や箱ひげ図の必要性と意味について理解することを目指します。そのために，箱ひげ図をつくる活動に取り組み，収集したデータと関連させられるようにすることが大切です。

　教科書などに掲載されているデータを参考に，箱ひげ図や四分位範囲の必要性と意味についてある程度の理解をした後には，実際に箱ひげ図をつくる活動をさせるとよいでしょう。

　実際のデータを基に箱ひげ図をつくることを通して，改めて四分位範囲や箱ひげ図がどのようなことを表しているかを体験的に知ることができます。生徒になじみのあるものや興味がわくものならどんなデータでもよいのですが，データの収集や整理は本質的なことではないため，なるべく短時間で済ませ，箱ひげ図で表し，それを用いてデータの分布の傾向を比較して読み取り，批判的に考察し判断する活動に時間を割きたいものです。

　そこでおすすめなのが10秒の体感時間を計るという活動です。だれしも１度くらいはストップウォッチの数値を見ずに10秒で止める遊びをやったことがあるのではないでしょうか。だれの時間感覚が優れているのかは生徒も興味をもちますし，何より全員のデータを取ることが簡単にできます。

　１時間の授業ですべてを完了しようとせずに，２時間扱いで取り組みます。１時間目は意義と計画を話した後に，全員がストップウォッチの数値を見ずに10秒で止める遊びを何回か連続で行い，記録を取ります。２時間目は，前時のデータの記録から，コンピュータを活用して，回数別に箱ひげ図に表させ，分布の傾向の違いを読み取り，批判的に考察する時間とします。

　Excelやその他のソフトを使えば，箱ひげ図をつくることは難しくありません。１人１台端末を有効に活用しましょう。

箱ひげ図とデータの活用／箱ひげ図

106
箱ひげ図から
読み取ろう

課題ネタ
難易度★

> 箱ひげ図の読み取りで，一度に多くの図を扱うと生徒は困ってしまいます。まずは箱ひげ図を２つずつ比較することから始め，箱ひげ図の読み取りが正しくできるようにしましょう。

次の図は３つの地点における，2023年7月1日から8月31日までの62日間の最高気温のデータを箱ひげ図に表したものです。
読み取れることをノートに書き出しましょう。

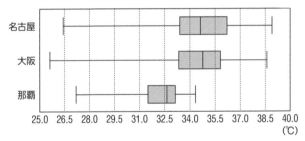

　いきなり多くのデータを比較するのではなく，２つずつ比較することを生徒に伝えます。
「名古屋と大阪を比較すると…」
「名古屋と那覇を比較すると…」
のように，最初は比較する対象を示してあげるとよいでしょう。
　前者は箱ひげ図の形は似ていますが，四分位範囲は名古屋の方が大きいことがわかります。後者は，データの範囲や四分位範囲は那覇の方が小さいことがわかります。中央値の位置や，ひげの長さなど，どこを見て読み取った情報なのかを全体で共有すると，箱ひげ図の見方が深まっていきます。

箱ひげ図とデータの活用／箱ひげ図

107

課題ネタ
難易度★★

通信速度が
速いのはどの会社？

> 日常生活の中で，生徒が箱ひげ図を目にする機会は少ないでしょう。箱ひげ図が多く用いられる場面として，インターネットの通信速度があります。箱ひげ図を比較し，どの会社を選ぶか話し合う課題ネタです。

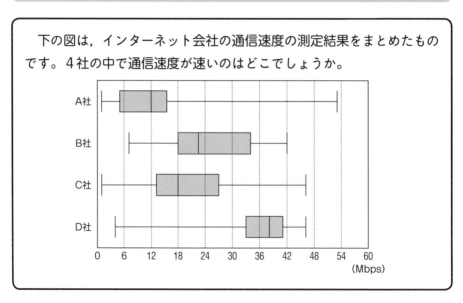

下の図は，インターネット会社の通信速度の測定結果をまとめたものです。4社の中で通信速度が速いのはどこでしょうか。

　まずは，箱ひげ図を見て生徒が読み取ったことを共有していきましょう。最大値や最小値に着目した考え，四分位範囲に着目した考えなど，1つずつ価値づけます。生徒を揺さぶる発問が用意できるとさらによいです。例えば，

「A社は最大値が4社の中で一番大きいから，通信速度が一番速い会社でよいですか？」

と尋ねたとき，生徒はどんな反論をしてくるでしょうか。生徒のよくある間違いを例にすることで，苦手な生徒も理解が深まります。

箱ひげ図とデータの活用／箱ひげ図

108
どの選手を選ぶ？①

課題ネタ
難易度★★★

> データを活用して様々な視点から分析することで，よりよい選択をすることができます。生徒にとって身近な選手決定の場面を想定し，データを分析し，他の人が納得できるように語る力を高める課題ネタです。

学年で縄跳び大会が開かれることになりました。AさんとBさんの2人が二重跳びの競技に出場したいと立候補しました。そこで，2人に10回ずつ二重跳びに挑戦してもらい，そのデータから選手を決定することにしました。それぞれのデータは以下の通りです。あなたなら，どちらの選手を選びますか？

二重跳びの記録（回）

Aさん	2, 9, 10, 11, 14, 14, 16, 17, 18, 32
Bさん	8, 9, 11, 12, 13, 15, 17, 18, 19, 21

平均値は2人とも14.3回であり，中央値も14回で一致しています。そのため，この2つの代表値以外で判断することが求められます。「Aさんの方が，最高回数が多い」「Bさんの方が，最低回数が低くない」など1つの値だけで判断する生徒には，すべてのデータから総合的に判断するように促します。何に重きを置きたいのか，そのためにデータをどのように整理したのか，整理することでどのように分析したのかなど，互いの考えをグループなどで共有させましょう。「箱ひげ図から元のデータを推測しよう」と合わせて取り組むことで，箱ひげ図だけでは情報は十分とは言えないものの，箱ひげ図を利用するなどデータを整理することがデータの分析に役立つことを実感させることができます。

箱ひげ図とデータの活用／箱ひげ図

109
どの選手を選ぶ？②

難易度★★★

> 箱ひげ図や1年生のときに学習した代表値，ヒストグラムを組み合わせ様々な視点からデータを分析する課題ネタです。正解を決めるのではなく，なぜそう考えたのかと根拠を大切にして授業を展開します。

Aさん，Bさん，Cさんの3人から50m走の代表選手を選ぶことになりました。下の表は，この3人の50m走の記録をまとめたものです。
どの選手を代表に選ぶか，理由もあわせて説明しましょう。

50m走の記録（秒）

Aさん	Bさん	Cさん
8.43　8.25　8.01	8.10　7.68　8.36	7.99　7.88　8.08
8.18　8.45　8.11	8.12　8.98　8.01	8.43　8.59　7.68
7.95　8.29　8.43	8.06　8.48　8.33	8.35　8.43　8.78
8.73	7.78	8.22

　まずは，直感でどの選手を選ぶか生徒に聞いてみましょう。選んだ理由を聞くと「最高タイムが速いから」「記録に大きな差がないから」など，データを比較するうえで大切な視点が引き出せるはずです。次に，どうやってデータを分析したいかを聞いていきます。箱ひげ図の学習をしているので，箱ひげ図をかくという考えは出ると思いますが，平均タイムなどの代表値やヒストグラムを使いたいと発言する生徒がいれば，大いに価値づけましょう。
　代表値で比べたり，箱ひげ図で比べたりすると，様々な分析ができます。それを踏まえたうえでだれに決めるのか，正解を探すのではなく，なぜそう考えたのかと根拠を大切にし，それを説明できる力を伸ばしていきましょう。

箱ひげ図とデータの活用／箱ひげ図

110 批判的に考察して分析しよう

探究ネタ

> データを活用して様々な視点から分析することで，よりよい選択をすることができます。生徒にとって身近な選手決定の場面を想定し，データを分析し，他の人が納得できるように語る力を高める探究ネタです。

「批判的思考」という言葉があります。ある考えについて前提となる事実を明らかにしながら，多角的・論理的に考える思考のことを指す言葉です。「批判的」というと，生徒は否定的な印象を受ける用語ですが「事実と異なる点はないか」「データは正しく読み取れているか」など，これまで学習してきたことを活用して論理的に考えることが，批判的思考だと言えます。

例えば，

「近年，地球温暖化による異常気象が話題になっています。過去のデータと比べて，本当に異常気象は増えているのでしょうか？」

と問うと，生徒はどう考えるでしょうか。

「台風や豪雨が多いってニュースで聞くから，異常気象は増えているのではないかな」「昔も大きな台風の被害があったみたいだし，異常気象はそんなに増えていないのではないかな」など，生徒が思ったことを聞いてみましょう。

生徒が思ったことを1つずつ認めていきながら，それが「感覚的な思考」であることを伝えましょう。思ったことから仮説を立て，これまでに学習したことを使ってデータを分析し，「本当にそうかな？」という気持ちをもってデータと向き合うことが「批判的思考」の第一歩です。

気象庁のウェブサイトでは，過去のデータを調べることができます。生徒の実態に応じて，調べるテーマを絞ったり，生徒に自由に考えさせたりするとよいでしょう。グループで取り組む問題としても最適です。

【執筆者一覧】

玉置　　崇（岐阜聖徳学園大学）

芝田　俊彦（愛知県小牧市立応時中学校）

山本　龍一（愛知県小牧市立応時中学校）

松井　大樹（愛知県江南市立北部中学校）

【編著者紹介】

玉置　崇（たまおき　たかし）

1956年生まれ。公立小中学校教諭，国立大学附属中学校教官，中学校教頭，校長，県教育委員会主査，教育事務所長などを経て，平成24年度から3年間，愛知県小牧市立小牧中学校長。平成27年度より岐阜聖徳学園大学教授。

文部科学省「学校教育の情報化に関する懇談会」委員，「新時代の学びにおける先端技術導入実証事業」推進委員，中央教育審議会専門委員を歴任。

数学教育に関する著書に『中学校数学授業　発問・言葉かけ大全　生徒が考えたくなるキーフレーズ100』『WHYでわかる HOWでできる　中学校数学授業アップデート』『中学校　数学の授業がもっとうまくなる50の技』『中学校　新学習指導要領　数学の授業づくり』『スペシャリスト直伝！中学校数学科授業成功の極意』（以上明治図書，単著）など。

その他に，学校運営，学級経営，仕事術，話術などにかかわる著書多数。

わかる！楽しい！
中学校数学授業のネタ110　2年

2025年2月初版第1刷刊　Ⓒ編著者　玉　置　　　崇
　　　　　　　　　　　　　　発行者　藤　原　光　政
　　　　　　　　　　　　　　発行所　明治図書出版株式会社
　　　　　　　　　　　　　　　　　　http://www.meijitosho.co.jp
　　　　　　　　　　(企画)江﨑夏生 (校正)江﨑夏生・大内奈々子
　　　　　　　　　　〒114-0023　東京都北区滝野川7-46-1
　　　　　　　　　　振替00160-5-151318　電話03(5907)6701
　　　　　　　　　　　　ご注文窓口　　　電話03(5907)6668

＊検印省略　　　　　　組版所　藤　原　印　刷　株　式　会　社
本書の無断コピーは，著作権・出版権にふれます。ご注意ください。

Printed in Japan　　　　　ISBN978-4-18-243227-9
もれなくクーポンがもらえる！読者アンケートはこちらから
→

授業がガラッと変わるほど、
問いや支援、価値づけの語彙が豊かに！

玉置 崇【著】

数学授業で役立つ発問や言葉かけを目的別に 100 個収録。「次はどんなことを言うと思う？」(問題把握)、「どこに動かしても言えるかな？」(条件変え)、「これですべてかな？」(きまり)、「表情発言でも大丈夫！」(全員参加) 等々、超実践的なフレーズ集です。

224 ページ／四六判／定価 2,376 円（10%税込）／図書番号：2535

明治図書　携帯・スマートフォンからは　明治図書 ONLINE へ　書籍の検索、注文ができます。▶▶▶

http://www.meijitosho.co.jp　＊4桁の図書番号で、HP、携帯での検索・注文が簡単に行えます。

〒114-0023　東京都北区滝野川7-46-1　ご注文窓口　TEL 03-5907-6668　FAX 050-3156-2790